L'ENFANT
DU
CARNAVAL.

L'ENFANT DU CARNAVAL;

HISTOIRE REMARQUABLE,

ET SUR-TOUT VÉRITABLE,

Pour servir de supplément aux Rapsodies du jour.

SECONDE PARTIE.

Valeat res ludicra.

A ROME,

DE L'IMPRIMERIE DU SAINT-PÈRE.

AN V.—1796.

TABLE DES CHAPITRES

Contenus dans cette seconde partie.

Chapitre premier. *Je suis Auteur, et je tombe.* Page 1

Chap. II. *Je l'ai perdue.* 33

Chap. III. *Peines et consolations.* 52

Chap. IV. *Fautes, repentir.* 74

Chap. V. *Revers et succès.* 96

Chap. VI. *Départ de Paris.* 121

Chap. VII. *Aventures de nuit et de jour.* 139

Chap. VIII. *Double mariage. — Égaremens du cœur et de l'esprit.* 165

Chap. IX. *Les portraits à la mode.* 195

Chap. X. *Conclusion.* 221

Je déclare que je suis propriétaire de cet ouvrage, et que je poursuivrai, selon toute la rigueur des lois, les fripons qui oseront contrefaire, et ceux qui colporteront les contrefaçons.

PIGAULT-LE-BRUN.

Se vend rue des Fossoyeurs, près Saint-Sulpice, n°. 1058; et se trouve chez Barba, Libraire, rue André-des-Arcs, n°. 27.

L'ENFANT DU CARNAVAL.

CHAPITRE PREMIER.

Je suis Auteur, et je tombe.

ABELL ne se démentit point. Respectueux avec Juliette, affectueux avec moi, il nous rendit toutes sortes de services de la manière la plus désintéressée et la plus franche : il avait appris que la lettre de cachet qui menaçait Juliette n'était pas révoquée, et il en eût facilement obtenu la révocation, si la guerre qui divisait les deux puissances n'eût ôté aux Anglais leur crédit auprès du ministre. Au reste, on ne faisait nulle espèce de perquisition, et moi je pouvais être parfaitement tranquille. Dans le rapport fait à la police, j'avais été compris avec les gens de Mylord, et on ne s'était pas même informé de ce qu'ils étaient devenus. M. Abell avait pris les renseignemens et les papiers nécessaires pour rassembler les débris de la fortune de Juliette : il touchait au moment de son départ pour Londres, et il devait nous faire passer ces fonds sans délai, si Juliette persistait dans le dessein de rester en France : il lui représentait cependant qu'il était plus prudent de repasser en Angleterre : il croyait facile d'obtenir un passe-port sous un nom supposé : quelques parens de Mylord, des amis sincères, s'empresseraient d'embellir notre existence, et ce n'était qu'à Londres que nous pourrions donner à notre mariage les formes légales qui assurent l'état des enfans, et qui imposent silence aux préjugés.

Juliette refusait constamment de prendre ce parti. Elle comptait peu sur l'affection de parens éloignés ; elle redoutait leur improbation, leurs sollicitations, et même leurs démarches humiliantes pour moi, et désagréables autant qu'inutiles pour elle ; elle croyait que l'amitié sincère et compatissante est extrêmement rare. Elle savait, au contraire, que les hommes en général, très-indulgens pour leurs propres travers, sont sans pitié pour ce qu'ils appellent les faiblesses d'autrui : elle ne prévoyait que des désagrémens dans ces cercles nombreux où l'opinion l'emporte sur la sensibilité, et où on n'a pas toujours la délicatesse de cacher son opinion, même à ceux à qui elle est défavorable. Son mariage était sacré pour elle et pour moi, et sa conscience était tranquille. Si elle devenait mère, il serait temps de sacrifier son repos à sa famille; mais à présent rien ne l'obligeait à passer la mer pour aller chercher à Londres des chagrins qu'elle ne connaissait pas à Paris: elle y était ignorée, et personne n'y troublait son bonheur: elle y menait à la vérité une vie très-retirée; mais cette retraite même était douce, puisqu'elle la partageait avec moi. « Nous » ne nous quittons pas, me disoit-elle ensuite, et » les journées nous semblent trop courtes: mon » ami, être avec toi, toujours avec toi, ne voir, » ne desirer, n'aimer que toi, voilà la félicité su- » prême. Restons à Paris; ne sortons pas de notre » chambre: l'amour l'habite avec nous; l'amour » sait tout embellir ».

Abell n'insista plus: il prit congé de nous et partit, après m'avoir indiqué une adresse où j'irais prendre ses lettres.

Me voilà donc à dix-huit ans possesseur paisible d'une femme charmante, et m'occupant uniquement du soin de la rendre heureuse. Juliette, tendre, délicate, caressante, n'existait que pour moi. Elle continuait de broder, je faisais toujours des gouaches, et ces petits travaux étaient pour nous des plaisirs: nous étions l'un vis-à-vis de l'autre, séparés seulement par une table sous laquelle nos genoux se cherchaient, se rencontraient, se pressaient. Souvent la table était trop grande ; Juliette se levait pour voir mon ouvrage de plus près, et elle ne voyait bien que quand sa joue touchait à la mienne : elle me donnait des *distractions ;* mais je ne m'en plaignais pas, j'avais soin de les lui rendre. Je m'avançais sur la pointe du pied, je lui volais un baiser, elle courait après moi pour le reprendre, et son teint alors effaçait la rose qui venait de naître sous ses jolis doigts. A dîner, à souper, je m'asséyais à côté d'elle, ou je la prenais sur mes genoux : nous mangions dans la même assiette, nous buvions dans le même verre, et tout en devenait meilleur. Le dimanche, elle passait son déshabillé blanc, je prenais mon frac de drap gris, et nous nous permettions une promenade hors des barrières : on se pressait autour de nous. Les hommes la regardaient avec un intérêt !..... Les femmes me jetaient un coup-d'œil à travers les bâtons de l'éventail, et cela me rendait fier, et cela la faisait sourire. Bientôt on répétait de tous côtés : Oh, le joli couple ! Nous allions nous cacher plus loin, et plus loin on répétait encore : Oh, le joli couple ! Cela nous embarrassait quelquefois, et ne nous déplaisait jamais. Le soir, chacun de nous redisait ce qu'il avait entendu d'obligeant pour l'autre. Juliette ajoutait : « Ce n'est » que pour toi que je veux être jolie. Je répon-

» dais : Ce n'est qu'à toi que je veux paraître » aimable » ; et tout cela nous donnoit envie de nous coucher. Ces petits jeux eurent enfin des suites qui ne sont pas difficiles à prévoir : sa taille s'arrondit insensiblement ; je l'en aimai davantage, et je lui trouvai une grace de plus.

J'avais choisi jusqu'alors pour sujets de mes gouaches les événemens les plus intéressans de notre vie, et le plaisir que je prenais à les tracer me rendait insensible à la modicité du prix que j'en tirais. Abell avait éprouvé des difficultés, il n'avait pas encore fait passer de fonds; les nôtres commençaient à baisser, et il fallait sérieusement penser à l'avenir. Le bien-être de ma Juliette, une layette à faire, mille autres petits frais par lesquels on achète la douceur d'être père, étaient des objets de la plus haute importance. Je sentais la nécessité de doubler au moins notre gain, j'en cherchais les moyens, et je n'en trouvais pas de bien satisfaisant : Juliette s'en occupait avec moi et n'était pas plus heureuse ; d'ailleurs nous commencions par discuter, et nous finissions par arriver, sans nous en appercevoir, au chapitre des *distractions*.

Un jour la mère Jacquot nous donnait du meilleur de son cœur des conseils inexécutables : en pérorant, elle roulait dans ses doigts une feuille du Mercure de France, qui lui avait servi à envelopper du poivre ; j'avais pris le papier et je le roulais aussi en écoutant les contes bleus de la mère Jacquot. En le roulant et en le déroulant j'y jetai machinalement les yeux, et je lus l'extrait d'une pièce nouvelle qu'on venait de jouer aux Français ; c'était l'Inconstant. L'auteur donnait en débutant les plus heureuses espérances, et ne les a point démenties. Je me sentis inspiré tout-à-coup ; je me levai, et je déclarai que j'étais homme de lettres. Juliette me demanda en souriant à quel genre je me destinais : « Ma foi » je n'en sais rien, lui répondis-je ; mais je réus-» sirai, car tu m'inspireras ». La mère Jacquot observa que les comédiens sont excommuniés, et que les auteurs doivent l'être doublement : « car enfin, ajoutait-elle avec beaucoup de sa-» gacité, s'il n'y avait pas d'auteurs, il n'y aurait » pas de comédiens ». Je résolus d'aller mon train en dépit de l'excommunication, et je dis à Juliette avec toute l'emphase d'un poète : « Mon » génie t'invoque et t'attend ; sois Melpomène ou » Thalie ; prononce et je produis. — La tragédie, » la comédie, reprenait Juliette, c'est bien beau ; » mais c'est bien long, et cela doit être bien dif-» ficile. Le temple de Gnide est si joli ! tout le » monde l'a lu, tout le monde le relit encore ». Nous avions le temple de Gnide ; je le pris, je le relus, et j'en réalisais certains tableaux qui valent bien des tableaux de tragédie. « Finis donc, me » dit Juliette, on ne peut pas te parler raison.— » Ne me regarde donc pas, si tu veux que je sois » raisonnable » : et je l'embrassai, et le livre lui tomba des mains, et puis.... et puis.... La mère Jacquot rentra, et me demanda si je venais de faire une tragédie ou une comédie. Juliette rougissait, moi je riais, et la mère Jacquot hochait la tête. « Tiens, dis-je à Juliette, je ne veux plus » te consulter; je ne veux plus que tu me donnes » d'avis : à force de nous entendre, nous ne sa- » vons ce que nous faisons que quand nous avons » fini, et c'est le moyen de ne rien finir. J'ai connu » il y a quelques années un imprimeur-libraire, » qui demeure rue Galande; c'est un homme qui » ne se borne pas, comme ses confrères, à trafiquer » de l'esprit d'autrui; il a de l'érudition, il est con- » sidéré dans la littérature : je vais causer avec lui : » il ne me donnera pas de *distractions*, je ne lui » en donnerai pas; il m'écoutera, il me répondra, » et il décidera. Je serai, selon qu'il le jugera à » propos, poète comique, tragique, épique, di- » dactique, allégorique, bucolique, érotique, » lyrique, et à quoi que je m'applique, je vais » être l'homme unique. — Vas, me dit Juliette; » mais souviens-toi que je t'attends. — Tu ne » m'attendras pas long-temps, lui répondis-je en » sortant, je ne suis bien qu'auprès de toi ».

M. Cailleau parut fort aise de me revoir, et me reçut avec son affabilité ordinaire : il aime à parler ; c'est un défaut dans beaucoup de gens ; mais il parle bien, et on aime à l'entendre. Après m'avoir promené gaîment d'objets en objets pendant une heure, M. Cailleau me demanda enfin ce qui m'amenait chez lui. Je lui répondis que j'étais décidé à caresser les Muses, dussent-elles répondre à mes caresses par des égratignures, et que je venais le prier de m'indiquer celle des neuf Sœurs à laquelle je me vouerais exclusivement. « Voilà les jeunes gens, reprit-il, ils pren-
» nent le goût pour le talent d'écrire, et l'amour-
» propre ne leur permet pas de consulter leurs
» forces. — Monsieur, répliquai-je, les plus
» grands hommes ont commencé, et jamais ils
» n'eussent fait un vers s'ils eussent été atteints
» de la crainte puérile que vous voulez m'inspi-
» rer. Je sens que la nature m'a fait poète, et je
» remplirai le vœu de la nature. — Si vraiment,
» poursuivit M. Cailleau, vous éprouvez cette
» impulsion de la nature à laquelle on ne résiste
» pas, vous écrirez, et vous écrirez bien. Ce-
» pendant si vous êtes raisonnable et que vous
» puissiez faire autre chose, vous vous garderez
» bien d'écrire : cette manie ne fait que des mal-
» heureux, et les Muses sont pauvres par-tout.
» Le Camoëns est mort à l'hôpital ; Cervantes est

» mort de misère ; Shakeaspeare écrivait une tra-
» gédie d'une main, et attendait de l'autre un
» chevreuil à l'affût pour sa provision de la se-
» maine ; Fielding a enrichi des libraires, et a vé-
» cu dans l'indigence ; la Harpe et l'abbé de Lille
» ne possèdent que leur réputation. Je doute que
» vous ayez le talent de ces gens-là, et il est in-
» certain que la fortune vous traite mieux qu'eux.
» Passons aux jouissances de l'amour-propre, et
» voyons ce que vous pouvez raisonnablement
» espérer. Racine a vu tomber presque toutes ses
» pièces, et il est mort de chagrin ; J. B. Rousseau
» a été banni. Destouches a été obligé de gâter
» son Glorieux pour complaire à *monsieur* Du-
» fresne. Le manuscrit de la Métromanie a été
» livré six mois à la poussière et à l'oubli sur le
» ciel du lit de ce même acteur, et *messieurs* les
» successeurs de *monsieur* Dufresne, qui n'ont
» pas tous hérité de son talent, mais qui tiennent
» beaucoup aux traditions, se piquent ainsi que
» lui de morceler les pièces et d'humilier les au-
» teurs. Le grand, l'inimitable Voltaire, a fait à
» la vérité sa fortune à force de travail et de gé-
» nie ; mais il fut balotté par des princes qui se
» croyaient au-dessus de lui, et qui le croyaient
» prouver en le faisant embastiller ; il fut chassé
» par le roi de Prusse pour avoir trouvé aimable la
» princesse Amélie, qu'un regard de Voltaire n'a-

» vilissait pas : il frissonnait en ouvrant toutes les
» feuilles périodiques qui parlaient de ses ouvra-
» ges, depuis celles de Fréron jusqu'aux rapsodies
» du petit Clément, qui me rappelle la fable du
» Serpent et de la Lime. Le bon, l'honnête, l'ai-
» mable Collin-d'Harleville, le seul auteur comi-
» que dont le théâtre puisse aujourd'hui s'honorer,
» voit sans se plaindre vieillir ses ouvrages dans
» les porte-feuilles des comédiens, qui ont l'im-
» pudeur de négliger l'homme qui les a nourris;
» les Français par paresse, les autres pour ne pas
» payer de part d'auteur. Je vous citerais mille
» autres exemples, si j'avais la manie des citations;
» mais en voilà plus qu'il n'en faut pour vous dé-
» goûter de la Métromanie. Je me résume. Si vous
» avez un talent marquant, l'envie agitera ses
» serpens, et vous les entendrez sans cesse siffler
» à vos oreilles. Si vous n'êtes que médiocre, ce
» sera encore pis : tous les folliculaires s'éleveront
» contre vous; incapables de rien faire de bien,
» ils vous contesteront jusqu'au bien que vous au-
» rez fait; et comme les folliculaires sont en pos-
» session de se faire écouter des sots, ils les soule-
» veront contre vous; et comme les sots sont les
» plus forts, personne ne prendra votre défense.
» Si vous êtes au-dessous du médiocre, on ne par-
» lera pas de vous; mais aussi on ne vous lira point.
» N'écrivez pas, mon cher ami, n'écrivez pas, à

» moins que vous n'ayez que cette ressource pour
» vous empêcher de mourir de faim. — Eh! m'é-
» criai-je, c'est-là précisément l'origine de ma
» vocation. — Alors vous écrirez vîte, et vous
» n'écrirez que des sottises. Vos plans seront mal
» conçus ; votre style sera lâche, diffus, incorrect ;
» et vous serez bientôt réduit à faire des devises
» pour les marchands de bonbons de la rue des
» Lombards, ou à écrire dans un coin de rue
» *placets*, *mémoires* et *lettres* pour les cuisi-
» nières du quartier. Je finis par un mot qui me
» concerne. Vos ouvrages, bons ou mauvais, res-
» teront dans la boutique du libraire, qui aura
» payé vos manuscrits trop cher, en vous en don-
» nant le quart de leur valeur, parce que mes
» confrères les *contrefacteurs*, qui prétendent
» gagner *honnêtement* leur vie en contrefaisant
» le tiers et le quart, et qui au fond ne sont que
» des voleurs dignes du fouet et des galères ; par-
» ce que, dis-je, mes confrères les *contrefac-
» teurs* vous contreferont en papier gris, en ca-
» ractères usés, vendront six sols de moins, et
» feront fort bien leurs affaires, pendant que vo-
» tre libraire et vous, vous ferez fort mal les
» vôtres. N'écrivez pas, mon cher ami, n'écrivez
» pas. — Vous en parlez fort à votre aise, lui ré-
» pondis-je. Si j'étais imprimeur, je vivrais des
» sottises d'autrui, et malheureusement je suis

»forcé d'en faire. Finissons. Vous avez oublié
»qu'il n'était pas question de savoir si j'écrirais
»ou si je n'écrirais pas ; mon parti est pris : quel
»genre adopterai-je ? C'est là-dessus seulement
»que je veux vous consulter. — Ma réponse sera
»courte, dit M. Cailleau. Avez-vous du génie,
»faites la comédie de caractère ; n'avez-vous que
»de la verve, faites de ces tragédies sans consé-
»quence, comme on nous en donne tous les jours ;
»n'avez-vous que de l'esprit, faites de ces petites
»comédies à la mode, où des détails frais et pi-
»quans tiennent lieu d'intérêt et d'action ; n'avez-
»vous que de l'imagination, faites un roman ; ne
»savez-vous que limer un vers, faites un poëme
»didactique ; n'avez-vous que des réminiscences,
»faites un opéra-bouffon ; n'avez-vous rien du
»tout, faites un journal. — Je serais assez d'avis
»de m'en tenir au journal, repliquai-je ; ce se-
»rait peut-être le parti le plus sage ; mais mon
»destin l'emporte, et je ferai la comédie de ca-
»ractère. Vous ne m'avez rien caché des désa-
»grémens de la profession : dites-moi du moins
»ce qu'elle peut avoir d'encourageant. — Ma foi,
»pas grand-chose, répondit-il. L'estime d'une
»trentaine de personnes en état de prononcer ;
»plus, quelques coups de mains de gens qui au-
»ront acheté trente sols le droit de vous juger, et
»qui à la fin de la pièce demanderont l'auteur ;

» comme on demande le tambour de basque chez
» Nicolet. Cet honneur nouveau fut la juste ré-
» compense des mille et un succès de Voltaire.
» Il séduisait, entraînait, déchirait, et le public
» transporté, voulut lui offrir son hommage : le
» parterre savait juger alors. Le parterre d'au-
» jourd'hui, qui ressemble à celui-là comme vous
» ressemblez à Voltaire, veut à toute force voir
» l'auteur. Il veut le voir, s'il l'a fait rire ; il veut
» le voir, s'il l'a fait pleurer ; il veut le voir, s'il l'a
» sifflé sans l'avoir entendu ; si par hasard il l'a
» sifflé avec connaissance de cause, il a encore la
» bassesse de le demander pour insulter à sa dis-
» grace. Vandales que vous êtes, voyez combien
» vous méprise l'homme de lettres qui se respecte
» un peu ! Il dédaigne, du sommet de l'Hélicon, les
» croassemens qui s'élèvent des bas-fonds du par-
» terre ; il rejette un honneur tellement prodigué,
» qu'il n'est plus qu'un opprobre ; il court se ren-
» fermer entre sa gloire et ses amis.

» Ce que vous me dites-là n'est pas très-encou-
» rageant, répondis-je à M. Cailleau. Sont-ce-là
» les seuls avantages que je puisse me promettre ?
» Peut-être, me dit-il, quelqu'un de nos petits
» grands seigneurs s'avisera-t-il de vouloir jouer
» le Mécène. Il parlera de vous à quelque fille
» entretenue, qui vous recevra avec dignité, et
» qui, au moyen d'une nuit ou deux, dont vous

» ne saurez que faire, vous recommandera à quel-
» que galoppin des bureaux du ministre, lequel,
» pour se débarrasser tout-à-fait de ladite fille,
» vous fera nommer censeur royal, ou académi-
» cien ». Je demandai à M. Cailleau des détails
positifs sur la considération et les honoraires atta-
chés au titre d'académicien. « Les honoraires sont
» réduits à zéro, me répondit-il, et la considé-
» ration ne s'étend pas beaucoup plus loin. Autre-
» fois on briguait le fauteuil ; maintenant on le
» jette à la tête de ceux qui refusent de s'y asseoir.
» Les gens de qualité même n'en veulent plus ;
» témoin cette lettre du maréchal de Saxe, que
» je ne rapporte pas pour donner un ridicule au
» vainqueur de Fontenoi ; il est beau de cacher
» son ignorance sous ses lauriers ; mais enfin le
» maréchal de Saxe, pressé d'entrer à l'académie,
» écrivait au duc de Noailles : *Je répondu que je*
» *ne cavé pas seulement l'ortografe, et que se*
» *la miré comme une bage à un chat, pour coi*
» *nan aites vous pas ? Je crains les ridigules,*
» *et se lui si man paret un, &c.* Si cela continue,
» messieurs de l'académie justifieront le mot de
» Piron : *Ils auront de l'esprit comme quatre.*
» — Eh voilà assez, dis-je à M. Cailleau. Qu'est-
» ce que c'est précisément qu'un censeur royal ?
» — Ce serait, me répondit-il, quelque chose de
» moins encore, si on n'avait pas attaché à cet

» emploi des appointemens passables, et si le tour
» du bâton ne valait pas le principal. Demandez à
» un certain monsieur que je ne nommerai pas,
» parce que tout le monde le connaît, demandez-
» lui ce qu'il a reçu du théâtre du Palais-royal,
» et de ceux du Boulevard pour ne pas rayer telle
» scène, dont les Français demandaient la radia-
» tion, parce qu'elle avoit le sens commun ? De-
» mandez-lui quelles sont les qualités exigibles et
» exigées pour parvenir à cette place lucrative ?
» Aucunes, vous répondra-t-il, s'il est de bonne
» foi. Un de ses confrères mit au bas d'une traduc-
» tion de l'alcoran, qu'il n'y avait rien trouvé de
» contraire aux mœurs, à la religion, ni au gou-
» vernement de France, et on ne lui a pas ôté
» son emploi. Il vous apprendra, s'il est de bonne
» foi, comment (avec dispense de talent, ce qui
» ne laisse pas d'être agréable) on devient tout
» ensemble censeur royal et académicien, pour
» peu qu'on sache l'anglais, et qu'on ait une
» femme jolie et complaisante. Il vous apprendra,
» s'il est de bonne foi, l'art d'écrire de basses pla-
» titudes aux gens en place. Il vous apprendra....
» — Oh ! laissons cela, interrompis-je ; je ne suis
» pas plus jaloux de la censure que du fauteuil.
» Dites-moi maintenant ce que peut rapporter une
» comédie en cinq actes qui réussit passablement.
» — Plus ou moins, me répondit-il, selon que

» vous serez bien ou mal avec monsieur le sémai-
» nier, qui vous mettra dans l'abondance ou à la
» diette, selon son bon plaisir, et autant qu'il ne
» sera pas arrêté dans ses louables intentions par
» des migraines de commande, ou par des petits
» soupers, ou par des suites de soupers, ou qu'il
» ne voudra pas vous faire tomber dans les règles
» pour arrondir le patrimoine de sa *compagnie*,
» ou pour faire jouer monsieur un tel, l'homme
» du foyer par excellence. — Vous ne voyez pas
» les choses en beau, repliquai-je ; mais le sort
» en est jeté : je n'en démordrai pas ; je ferai la
» comédie de caractère, au risque de tout ce qui
» pourra m'en arriver ». Je pris congé de M. Cailleau, et je retournai chez moi en cherchant un
sujet et un titre. Je trouvai Juliette assise en
grande cérémonie vis-à-vis de monsieur le curé
de Saint-Etienne-du-Mont, qui était venu visi-
ter des pauvres qui habitaient le haut de la
maison, et qui profitait avec empressement de
cette occasion pour faire connaissance avec ses
nouveaux paroissiens.

Il était temps que je rentrasse. Juliette était
tellement embarrassée, que je m'en apperçus d'a-
bord, et je jugeai que monsieur le curé lui avait
fait quelques questions indiscrètes, auxquelles
elle n'avait su que répondre. Je me hâtai de parler de choses indifférentes et générales, et j'af-

fectai envers l'homme d'église cette politesse froide qui veut dire précisément : J'ai trop d'usage pour vous mettre à la porte ; mais faites-moi le plaisir de ne plus revenir. Je crois que le curé m'entendit parfaitement : il se leva, et sortit après quelques complimens, dont je l'aurais très-volontiers dispensé. Je demandai à Juliette s'il n'était entré dans aucun détail sur notre situation. Il avait débuté par des choses honnêtes, mais fortement senties pour un prêtre ; puis il s'était informé du lieu de notre naissance. Juliette avait répondu que nous étions de Calais. « ... Et » c'est-là, Madame, que vous vous êtes mariés ? » — Oui, monsieur le curé. — A quelle paroisse ? » — Je l'ai oublié, monsieur le curé. — C'est éton- » nant. — Et en quoi, monsieur le curé ? — C'est » qu'il n'y a qu'une paroisse à Calais ». J'étais sur les épines, et il a repris : — « C'est une jolie » ville que Calais ? — Charmante, monsieur le » curé. — Le sexe y est beau, sensible, sage sur- » tout, les hommes y sont bien faits. — Mon mari » est le plus bel homme que je connaisse. — Et » vous l'aimez tendrement ? — Je l'adore, mon- » sieur le curé. — Il n'y a pas de mal à cela. — Je » le sais bien, monsieur le curé. — Son sort sera » envié par tous ceux qui vous verront. — Ils n'y » gagneront rien, monsieur le curé ». Et je fus m'asseoir où tu m'as vue, parce que la chaise

de monsieur le curé commençait à être trop près de la mienne. «Et par quel hasard, repris-je, a-t-il su que nous demeurions ici? — C'est moi, répondit la mère Jacquot, qui l'ai prié d'entrer. C'est un homme selon Dieu que notre curé, et ses visites ne peuvent qu'attirer les bénédictions du ciel sur un ménage. — Vous avez eu tort, dis-je à la mère Jacquot; vous savez que nous ne voulons voir personne. — Mais notre curé.... — Moins encore que tout autre. Ces gens-là se mêlent de tout, sont toujours importuns, quelquefois dangereux, et on ne s'en défait pas comme on le voudrait bien. — Se défaire de notre curé, repliqua la mère Jacquot entre ses dents »! Je lui déclarai, d'un ton ferme, qu'elle me ferait beaucoup de peine si elle m'en parlait davantage; je la priai, s'il se présentait une seconde fois, de répondre que nous étions sortis, et sur-tout de ne lui rien dire de nos affaires. Elle le promit, et je rendis compte à Juliette de ma conversation avec M. Cailleau.
« — Il a raison, me dit-elle. N'écris pas, mon ami, n'écris pas. — J'essaierai, lui répondis-je; tu verras mes scènes, et je les jeterai au feu si tu n'en es pas contente ». Je commençai. Ce genre de travail déplut bientôt à Juliette. Elle ne pouvait plus me parler, j'étais toujours préoccupé, toujours écrivant des vers, ou en cherchant

de nouveaux ; mécontent quand je n'en trouvais pas, plus mécontent encore quand je n'en trouvais que de mauvais ; plus d'appétit, plus de gaité ; je n'étais amoureux que la nuit, et Juliette trouvait les journées longues. « Les Muses sont des » rivales dangereuses, me dit-elle enfin. J'espère » que tu tomberas ; il n'y a qu'une chûte qui » puisse te rendre à ta femme ». Je lui représentai la nécessité de me livrer à un travail lucratif ; je la consolais, je la caressais ; mais un maudit hémistiche me poussait dans mon cabinet, que j'avais fait dans un coin de notre chambre avec une vieille tapisserie, derrière laquelle je me retranchais, pour éviter *les distractions*. Juliette n'y entrait que lorsque je me reposais. Elle en sortait en boudant, quand elle avait lu quelque chose qui annonçait le succès ; elle en sortait en riant, quand elle avait lu quelque chose qui annonçait la chûte. Je riais quand elle faisait la mine, je faisais la mine quand elle riait : nous ne nous entendions plus. Je finis enfin ma comédie, et je la lui lus toute entière. Je voulus, à l'exemple de Molière, que la mère Jacquot entendît ma lecture. Elle s'endormit, et cela m'affecta peu ; la comédie de caractère ne pouvait pas intéresser la mère Jacquot. Juliette fut très-attentive, elle sourit souvent ; elle applaudit à des scènes d'amour, et je m'y attendais : j'avais peint ce sentiment comme il était dans mon cœur. Elle me félicita sincèrement, et ce fut la plus précieuse récompense de mon travail.

J'avais la tête fatiguée, et je dis à ma tendre Juliette que je faisais divorce avec les Muses jusqu'à.... « — Jusqu'au succès de ton premier essai, » me répondit-elle ; il est bon de savoir à quoi s'en » tenir. — Je ne doute pas du succès. — Ni moi » non plus ; mais enfin il faut voir. — Tu verras, » petite incrédule ». Et j'écrivis pour demander lecture à monsieur le semainier du théâtre auquel je destinais ma pièce. En attendant sa réponse, nous nous remîmes à la broderie et aux gouaches. Je retrouvai avec un plaisir nouveau ma table, les genoux de Juliette et sur-tout les *distractions*. Ils ramenèrent l'appétit, la gaîté et l'amour. Je n'étais plus un grand homme ; mais je redevenais heureux, et Juliette ne manquait pas d'observer que l'ivresse du bonheur vaut bien les fumées du Parnasse.

Au bout de quinze jours je m'ennuyai de n'avoir pas de nouvelles de monsieur le semainier, et je crus que le parti le plus court était d'aller moi-même chercher sa réponse. J'arrivai au théâtre, et le concierge me fit monter au foyer. J'y trouvai quelques-unes de ces dames qu'entouraient une vingtaine de jeunes gens fort aimables, à ce qu'ils s'imaginaient. Ces messieurs leur disaient les plus jolies niaiseries du monde, parlaient de leur beauté avec autant d'assurance que s'ils eussent pu en juger à travers le blanc et le rouge qui leur couvraient le visage; préconisaient leur talent comme s'ils y avaient cru; et ces dames, qui se piquent d'avoir beaucoup d'esprit, étaient complètement leurs dupes. Je les priai très-honnêtement de m'indiquer monsieur le semainier. On était trop occupé pour trouver le moment de me répondre; aussi ne me répondit-on pas, et je passai plus loin. Une demoiselle, qui n'avait ni blanc ni rouge, et qui aurait paru extrêmement jolie à quelqu'un qui n'aurait pas connu Juliette, était assise sur une banquette. D'autres jeunes gens étaient grouppés autour d'elle, ne parlaient pas, et avaient peut-être raison, écoutaient la demoiselle et faisaient bien, car elle parlait avec facilité et avec grace. Elle ne disait que des riens; mais ces riens, en passant par sa bouche, avaient l'air de quelque chose. J'osai l'interrompre, et lui demander où je trouverais monsieur le semainier. Elle me répondit fort obligeamment que le spectacle allait commencer, que le semainier était très-occupé en ce moment; mais qu'il ne tarderait pas à se rendre au foyer. J'entendis en effet le coup de sifflet qui fait monter le rideau; toute cette jeunesse disparut à l'instant, je restai seul avec la jolie demoiselle, et elle continua la conversation avec autant d'aisance que si nous nous fussions connus depuis six mois. Elle me demanda ce qui m'amenait au théâtre ; je le lui dis. Elle me pria de ne pas m'offenser du silence du semainier. « Nous ne sommes pas, » continua-t-elle, dans l'usage de répondre aux » auteurs que nous ne connaissons pas. Tant de » gens se mêlent à présent d'écrire, que si on leur » répondait il faudrait un secrétaire uniquement » pour la correspondance. Quand on est fait com- » me vous, on n'écrit pas au semainier, on se » montre, cela lève toutes les difficultés. Venez » demain dîner avec moi, nous parlerons de votre » affaire ». Je la remerciai, j'acceptai, et je pris son adresse. Un monsieur tout court, tout rond, tout chamarré d'or, entra de la manière la plus bruyante, s'avança les bras ouverts vers ma jolie demoiselle, lui dit cent platitudes plus lourdes les unes que les autres, riait tout seul de ses balourdises, et finit par lui demander à demi-voix si on pouvait lui proposer un souper et cent louis. « Venez demain chez moi avec cette figure-là, » répondit-elle en me montrant, et je vous en » donnerai deux cents. — Ce jeune homme vous » intéresse, poursuivit le gros Monsieur, on lui » fera avoir de l'emploi. A propos, on dit votre » votre nouvelle loge charmante ; faites-moi donc » voir cela » ; et il la prit par la main, et elle le suivit, et me laissa-là. Je sortis étonné de ce que j'avais vu et entendu. C'étaient des usages, des mœurs, un jargon, des gestes qu'on ne trouve que dans un foyer.

M. le curé, qui probablement avait trouvé Juliette de son goût, était encore en tête-à-tête avec elle; sa physionomie était très-animée : cela me déplut. Je ne le saluai pas, je ne répondis pas à ce qu'il me dit, il s'en alla, et fit bien; j'allais le mettre dehors par les épaules. Je grondai la mère Jacquot, elle protesta que cette fois-ci le curé s'était introduit lui-même; Juliette me dit la même chose, en ajoutant que ces visites commençaient à lui déplaire autant qu'à moi. J'en conclus que le curé s'était écarté des fonctions de son ministère, et je me promis bien d'éclater, s'il reparaissait encore.

Le lendemain je me disposai à me rendre chez ma jolie demoiselle. Je prenais mon manuscrit, et Juliette me disait adieu avec une tristesse qui ne lui était pas ordinaire. — «Qu'as-tu, ma bonne » amie ? — Rien, Happy. — Pourquoi me trom- » per ? — Je pense, puisque tu veux que je te le » dise, que ces dames-là sont quelquefois plus » dangereuses que les Muses pour une femme » sensible. — Tu te rends bien peu de justice ! » Quand on a aimé Juliette, on ne peut plus aimer » personne ». Je l'embrassai, et je partis.

Je fus reçu comme quelqu'un qu'on attendait avec impatience. On me dit qu'on avait arrangé ma lecture pour le surlendemain. Là-dessus je tirai mon manuscrit. « Il est inutile que je vous » entende, me dit-on. Un joli homme ne peut » faire que de jolies choses. D'ailleurs je serai à la » lecture générale. Asséyons-nous, et parlons de » vous ». Je m'apperçus bientôt que tout son esprit était en mémoire et en mines, et je la trouvai moins jolie. Elle voulut jouer l'ingénuité et le sentiment, et je ne vis plus que des grimaces, une gorge qui cherchait à se produire, un œil qui voulait être tendre, et qui n'était que libertin. L'illusion se dissipa à l'instant. Ma jolie demoiselle ne fut plus qu'une femme très-ordinaire. Elle avait cessé de m'intéresser, et je parlai peu ; je l'intéressais beaucoup, et elle ne tarissait pas. Elle avait les mains très-remuantes ; elle en était à mon jabot, et ne paraissait pas disposée à s'arrêter en si beau chemin ; on me tira d'embarras, en annonçant qu'on avait servi. Nous passâmes dans la salle à manger, et pour me désennuyer je goûtai de tous les plats. « —Je suis au déses-» poir de vous traiter aussi mal ; mais ma cuisinière » est en couche ; ma femme-de-chambre, qui me » coëffe, ne peut pas se salir les mains ; mon co-» cher, qui cuisine assez bien, n'aime pas à se » mêler de cela, et mon jokey n'y entend rien.

» J'ai fait venir de chez le restaurateur, et on le
» voit aisément : tout est mauvais, et nous som-
» mes servis en terre d'Angleterre. Je ne mange
» avec plaisir que dans de la vaisselle plate ». Dix
ans après elle allait de théâtre en théâtre quêter
des représentations à son bénéfice. Il faut cela
pour consoler un peu les femmes honnêtes du luxe
impertinent de ces demoiselles, et des petits sacrifices qu'elles font à la vertu.

Après le dîner, elle me fit passer dans son bou-
doir, qui était d'une élégance, d'une fraîcheur !....
cela lui coûtait si peu ! Elle renouvela l'attaque avec
une chaleur qui m'effraya. Je pensai à ma comédie,
je ne voulus pas la brusquer; mais je ne savais plus
comment me défendre. Je me défendais cependant, et elle s'en apperçut à la fin. Elle me repoussa
tout-à-coup, et s'éloigna elle-même, en s'écriant :
« Il faut avouer qu'il y a des hommes qui ont bien
» peu d'éducation, des hommes bien stupides,
» bien maussades, bien... ». L'apostrophe me pi-
qua, et je lui dis en prenant mon chapeau : « J'ai
» une femme infiniment plus jolie que vous, infini-
» ment plus sensible que vous, infiniment plus
» honnête que vous, et je ne veux pas de vous ».

Je me repentis, quand je fus dans la rue, de
m'être exprimé aussi cruement. On pouvait se
venger de mes rigueurs sur ma comédie. Mais ce
qui était dit était dit ; il n'y avait plus de remède.

Je racontai cette scène à Juliette. Elle commença par en rire, et après un moment de réflexion, elle m'embrassa avec une tendresse inexprimable. Oh! je lui rendis ses caresses!.... C'est auprès d'elle que je retrouvai mon cœur.

Je fus au théâtre à l'heure indiquée pour ma lecture. Une partie de mes juges était assemblée. On voulut bien répondre à ma profonde révérence par une légère inclination de tête; on continua à parler de choses indifférentes, et on ne me fit pas *l'honneur* de m'adresser la parole. J'attendis une grande demi-heure, et je demandai, d'une voix timide, si on n'aurait pas la bonté de m'entendre. Un de ces *messieurs* me répondit, en se tournant à moitié, qu'on attendait quelqu'un, et je me tus. Après une autre demi-heure parut un autre *monsieur*, qui venait de déjeûner au bois de Boulogne. Il demanda pardon à ses camarades de les avoir fait attendre, me regarda d'un air de protection, et *messieurs* ses camarades et lui s'assirent autour d'un tapis verd. *Monsieur* le semainier m'invita de la main à m'approcher. Je cherchai des yeux la demoiselle de la veille. Elle avait fait dire qu'elle ne viendrait pas à la lecture. Je sentis que j'avais perdu ses bonnes graces, je m'en moquai, et je lus. On m'écouta avec un imperturbable sang-froid, et quand j'eus fini, on me pria de passer dans la pièce voisine, où *mon-*

sieur le garçon de théâtre en chef eut *l'honnêteté* de causer familièrement avec moi, pendant qu'on prononçait sur mon sort. Je rentrai enfin, et *monsieur* le semainier me lut les bulletins avec la gravité et l'importance d'un premier président, qui prononce un arrêt. Il m'annonça pour résultat que j'étais reçu à *corrections*. *Monsieur* l'amoureux, qui n'aimait que les rôles légers, voulait que je retranchasse du sien tout ce qui était raisonnement. *Mademoiselle* l'amoureuse n'était bien que dans les détails, et son rôle était tout sentiment. *Monsieur* le comique ne se souciait pas des valets honnêtes gens, et le mien était d'une probité fatigante, &c. &c. Chacun demandait des changemens différens, et pour contenter tout le monde, il aurait fallu refaire ma pièce. Je défendis mon ouvrage, je motivai ma défense, et *monsieur* le semainier m'observa que les jugemens du *comité* étaient sans appel. Il m'avertit même, qu'en me soumettant aux *corrections prescrites*, je ne pouvais pas espérer d'être joué avant deux ou trois ans. Je me fâchai alors, bien que je ne fusse qu'un auteur; je remis mon manuscrit dans ma poche, et je quittai le *comité* comme il m'avait reçu, d'un air qui frisait l'impertinence. Je ne faisais au moins qu'user de représailles. *Pauvres talens, comme on vous humilie!* Et *messieurs* les comédiens se plaignent quand on les siffle; et *mesdemoiselles* les comédiennes se plaignent quand *messieurs* les journalistes ne les flagornent pas! Oh! les drôles de gens que ces gens-là!

J'allai conter ma mésaventure à M. Cailleau. « Je vous l'avais prédit, me répondit-il; vous ne » m'avez pas cru, vous en portez la peine. Voyons » cependant s'il n'y a pas quelques moyens de » vous produire dans le monde littéraire »; et il me conduisit chez Monvel.

Monvel venait d'entrer au théâtre du Palais-royal, et le public, qui n'était pas encore très-bête, savait apprécier Monvel. Il nous reçut parfaitement, et cela ne m'étonna point. Homme de lettres distingué, il n'avait besoin d'humilier personne pour se faire valoir. Il parcourut mon manuscrit, et me dit : « Il y a peut-être quelques » petites choses à retoucher; mais vous avez du » génie, et en travaillant vous irez loin. Repassez » demain, et j'espère vous annoncer quelque » chose de satisfaisant. Je ne manquai pas au ren- » dez-vous ». Monvel m'apprit que ma pièce était reçue, qu'on copiait les rôles, qu'on allait me mettre en répétition; et il me présenta, au nom des entrepreneurs, un mandat de cinquante louis sur le caissier du théâtre. C'était bien peu si je réussissais; c'était beaucoup si je ne réussissais pas. Je signai l'abandon absolu de mon ouvrage, et je pris le mandat. Je priai Monvel de régler ma distribution, de diriger les répétitions. Il me le promit de la meilleure grace du monde, et fit plus encore qu'il ne m'avait promis.

Déjà ma pièce était sur l'affiche; déjà je palpitais d'aise en lisant l'affiche; je courais de rue en rue pour le seul plaisir de lire l'affiche; si quelqu'un s'arrêtait à côté de moi, il me semblait qu'il voyait sur mon front que j'étais l'auteur de la pièce nouvelle, et je courais à un autre coin de rue lire encore une autre affiche.

La veille du grand jour, j'extravaguai tout-à-fait. Juliette, toujours maîtresse d'elle-même, n'éprouvait que de l'inquiétude. Cette nuit-là nous ne dormîmes point. Nous répétions les morceaux qui devaient exciter l'enthousiasme, nous glissions sur ceux dont nous étions moins sûrs, et nous nous flattions qu'ils passeraient à la faveur du talent des acteurs. Le jour parut enfin. Nous nous levâmes, parlant comédie; nous déjeûnâmes, parlant comédie; et toute la journée nous ne rêvâmes que comédie. Dès deux heures nous nous habillâmes aussi bien que le permettaient nos moyens : il nous semblait hâter le temps en courant au-devant de lui. Nous arrivâmes au théâtre du Palais-royal : les portes n'étaient pas encore ouvertes, et nous entrâmes dans un café voisin. Les amateurs, les cabaleurs y étaient réunis. Les uns approuvaient l'émulation des acteurs de ce théâtre; les autres les blâmaient d'oser jouer des pièces en cinq actes (c'était la première.) J'entendais tout cela, et j'étais sur les épines. Juliette prit mon bras, et me fit faire quelques tours de Palais-royal. Deux fois je la ramenai à la porte du théâtre; deux fois nous la trouvâmes fermée; cette malheureuse porte ne s'ouvrait pas; les horloges ne marchaient pas; mon sang bouillonnait. On ouvrit enfin, et nous nous cachâmes aux quatrièmes loges. Tous ceux qui se plaçaient autour de nous ne parlaient que de la pièce nouvelle. « Une pièce en cinq actes » ici, disait l'un ! — C'est trop plaisant, répondait » l'autre. — Cela sera détestable, ajoutait un troi- » sième ». Je sentais des mouvemens de colère ; je me levais pour imposer silence à ces messieurs: Juliette me regardait, me souriait, et je me calmais.

Je comptais les minutes. On alluma le lustre ; une heure après on monta la rampe ; une demi-heure après les musiciens nous déchirèrent les oreilles en s'accordant ; enfin on leva le rideau. Le cœur me battit.... Il repoussait jusqu'à la main de Juliette. La pièce commença. Au plus léger murmure ma tête se perdait ; le plus faible applaudissement me ramenait à l'espérance. Quelle situation ! Et on peut faire des vers, et on peut se faire jouer ! Le premier acte finit. On se moucha beaucoup au commencement du second. Une scène bien tendre, bien délicate, bien filée, fut unanimement applaudie. La figure de Juliette s'épanouit, et mon cœur se dilata. La scène suivante était faible ; quelques mots de mauvais goût furent suivis de *ah! ah!* Juliette pâlit, et je tremblai. Le second acte passa encore. Au milieu du troisième, quelques coups de sifflets honteux partirent de différens côtés du parterre. L'orage se formait, il grossissait, tout annonçait une explosion terrible. Un habitué du théâtre eut la mal-adresse de crier à bas la cabale. Aussi-tôt on siffla de tous les coins de la salle, on siffla jusques dans mes oreilles. J'étais furieux ; je tempêtais, je jurais, je voulais tomber sur les siffleurs. « Phèdre a tombé, me dit Juliette, et tu ne sais » pas prendre ton parti ». Je trouvai quelque consolation à partager les disgraces d'un grand homme, et j'appelai à la postérité du jugement de mes contemporains. Cependant les sifflets allaient leur train, les acteurs ne s'entendaient plus. Monvel voulut bien dire au public que l'ouvrage était d'un jeune homme, qui n'avait besoin que d'être encouragé : on applaudit Monvel, et on continua de siffler le jeune homme. Michot, qui ne gâte pas le public, lui fit la grimace ; et le public, idolâtre de Michot, applaudit sa grimace, et se remit à siffler impitoyablement. Les *paix-*

là, les *à bas le rideau*, achevèrent de m'étourdir. Le rideau tomba enfin, et ce fut le coup de la mort. Je ne vis, je n'entendis plus rien que ma bonne, ma sensible Juliette, qui m'entraînait en me disant : « Si tu avais réussi, je ne t'aimerais » pas davantage. Tu es tombé, et tu sais bien que » je ne t'aimerai pas moins. Viens, mon ami, viens. » Le vrai bonheur est chez toi ; c'est-là que tu vas » le retrouver ». L'air me saisit, et je me trouvai mal. Elle me fit porter chez la personne à qui Abell adressait nos lettres, et qui demeurait à l'entrée de la rue de Richelieu. On nous remit un paquet, qui était arrivé depuis trois jours. Il renfermait des lettres-de-change pour cinquante mille livres, et l'assurance d'une pareille somme dans le courant du mois. « Tu n'au- » ras plus besoin d'écrire, me dit Juliette en » pleurant de joie. — Tu ne craindras plus la » misère, lui répondis-je, en la serrant dans mes » bras ». Nous fîmes venir un fiacre, et nous retournâmes chez nous. Je jetai au feu mes brouillons, ce qui me restait de papier, et jusqu'à mes plumes ; j'arrachai la vieille tapisserie, et je la jetai par la fenêtre. Je soupai assez gaîment pour un auteur tombé. Juliette m'avait fait oublier mon rendez-vous au bois de Boulogne ; elle me fit oublier ma chûte : j'oubliais tout auprès d'elle, hors Juliette et mon amour.

CHAPITRE II.

Je l'ai perdue.

Parfaitement guéri de la manie d'écrire, bien décidé à me livrer à des occupations moins périlleuses, et peut-être plus utiles, je réglais avec Juliette l'emploi des fonds que j'allais toucher, et de ceux que nous attendions. Nous devions acheter une maison et une cinquantaine d'arpens, à dix ou douze lieues de Paris. Nous ne craindrions là ni la police, ni le couvent, ni le parterre, ni les journalistes. A la fin de l'année nous nous confierions au curé du lieu, s'il était vieux, et sur-tout raisonnable. Nous nous soumettrions à ce qu'il nous prescrirait pour assurer la fortune de Juliette à l'enfant chéri qu'elle allait me donner, et à ceux qui très-probablement suivraient celui-ci. La maison devait être petite, mais d'une extrême propreté. Une cuisine, une salle à manger, et un salon d'été par bas, trois ou quatre chambres en haut; voilà tout ce que nous voulions, voilà tout ce qu'il nous fallait. Des papiers agréables et frais; des meubles simples, mais d'une forme élégante, la gaîté, la paix et le bonheur, devaient en décorer jusqu'au moindre réduit. Dans la partie la plus reculée du haut, serait une chambre où personne au monde n'entrerait que Juliette et moi. Des jalousies et des doubles rideaux; un enfoncement, fermé par une draperie qui cacherait un lit de repos; au plafond, des amours, à qui la Constance couperait les aîles; entre les deux croisées, des gradins chargés des fleurs les plus odoriférantes de chaque saison; sur un guéridon, l'Art d'Aimer de Bernard, les Saisons de Saint-Lambert, la Nouvelle Héloïse, les Lettres sur la Mythologie, tel devait être l'ameublement du temple du mystère. C'est moi qui arrangeais tout cela, et Juliette m'écoutait avec un intérêt!... Elle me souriait avec une complaisance!.... Non, jamais on n'aima comme Juliette; jamais on ne fut aimé comme elle.

Le jardin devait réunir l'utile à l'agréable, sans arrangement symmétrique. Des allées sinueuses, bordées indifféremment de lilas, de pommiers, de chèvrefeuilles, d'acacias roses, de pruniers, de pampres, de peupliers, devaient conduire d'un plant de légumes à un parterre. Du parterre, on arriverait à une salle verte, formée par les branches entrelacées de quelques tilleuls, sous lesquels on trouverait des bancs de gazon. Plus loin des légumes encore. Après les légumes, un boulingrin fermé par une haie de rosiers. Au bout du boulingrin, la balançoire et le jeu de boules, puis une prairie, où l'œil s'arrêterait sur un ruisseau qui tourne, retourne, et s'éloigne à regret du gazon que Juliette a foulé. C'est-là qu'une vache et une chèvre paissent tranquillement le lait qui se convertit en fromage sous les doigts délicats de mon amie. C'est-là que la mère Jacquot portera notre enfant, qu'il se roulera, que ses petits membres s'étendront ; c'est-là que nous sourirons au premier pas de l'enfance. D'aimables voisins partageront nos loisirs ; d'honnêtes gens dans la médiocrité partageront notre aisance ; l'infortuné respirera chez nous l'oubli de ses malheurs.

Quand nous eûmes fini notre petit roman, je sortis pour aller présenter mes lettres-de-change à l'acceptation. J'étais tellement occupé de nos futures possessions, que j'avais oublié nos effets dans le secrétaire, et je ne m'en apperçus que lorsque je fus arrivé à la porte du banquier. Je retournai, et le curé, qui vraisemblablement épiait mes momens d'absence, était déjà chez nous. « Monsieur le curé, lui dis-je d'un ton très-ferme, » nous n'avons besoin ni d'aumônes, ni de conso- » lations, ni de conseils. Vos fréquentes visites » sont au moins indiscrètes. J'espère que celle-ci » sera la dernière, et que vous ne me forcerez pas » à vous parler un langage qui répugnerait à ma

» délicatesse, autant que vous souffririez à l'en-
» tendre ». Il sortit sans me répondre un mot, et
il me lança un regard furieux. « Je ne doute pas,
» dis-je à Juliette, que cet homme ne soit venu
» souvent ici pendant que je suivais mes répéti-
» tions. — Trop souvent, me répondit-elle. Je
» connais votre vivacité, je sais combien ces gens-
» là sont à craindre, et je me suis tue. — Et de
» quoi vous parlait-il ? — De moi. — Il vous aime !
» — Je le crains. — Le scélérat ! il paiera cher
» son audace. — Modérez-vous. — Que je me
» modère ! — Il le faut. — Je ne le puis. — Nous
» avons des ménagemens à garder. — Avec le
» vice ! — Avec l'homme vicieux. — Il n'est que
» méprisable. — Le clergé est puissant. — Je re-
» tourne chez notre banquier. Je paierai l'es-
» compte qu'il voudra, pour toucher sur-le-champ
» le montant de tes effets. Nous sortirons de Paris
» demain, ce soir, à l'instant même. Nous nous en-
» terrerons dans un désert, et nous éviterons les
» hommes. Ils te voient tous avec mes yeux. Ta
» beauté les séduit, ta douceur les attire, ta vertu
» les irrite. Fuis, fuis avec moi, ou je ne réponds
» pas des excès où je pourrais me porter. — Or-
» donne, me répondit-elle, avec ce ton pénétrant
» qui ne la quittait jamais. Juliette est toute à toi :
» elle se plaira par-tout où tu seras avec elle ».

L'honnête banquier, à qui je laissai entrevoir

des besoins, m'escompta ma somme à un demi pour cent. Je fis porter notre argent chez le correspondant dont Abell m'avait garanti la probité. Ce fut une inspiration.

Je revenais. J'étais au haut de la rue de la Harpe, lorsque j'apperçus le curé et la mère Jacquot qui causaient avec beaucoup d'action. Ils étaient à demi-cachés par les voitures de louage qui couvrent en partie la place Saint-Michel. Je me glissai moi-même entre ces voitures, pour entendre une conversation à laquelle était peut-être attaché le sort de ma vie entière. Je ne pus approcher sans être découvert. Un cocher voulait me conduire au Bourg-la-Reine, un autre à Villejuif; le curé tourna la tête, me reconnut, et s'éloigna. J'interrogeai la mère Jacquot. Elle était allée au marché, et le curé l'avait suivie. Il lui avait fait cent questions différentes. A la vérité elle n'avait pas osé précisément mentir; mais elle croyait aussi n'avoir pas répondu un mot qui pût nous compromettre. D'ailleurs je devais être tranquille; le curé était un excellent homme, qui ne voulait que notre bien, car il l'avait dit. Je conclus de cet exposé, que la mère Jacquot avoit parlé sans s'en douter, que le curé savait tout, et que je n'avais pas de temps à perdre. Je courus aux diligences. Je lus : *Bureau pour les villes de Lyon, &c.* et j'arrêtai deux places à la voiture qui partait pour Lyon le surlendemain. Je résolus de laisser la mère Jacquot à Paris, pour n'être plus exposé aux effets de son indiscrétion, et je retournai près de Juliette, bien décidé à ne pas la quitter d'un moment.

Dans le courant de l'après-midi je reçus une lettre, dont l'écriture m'était inconnue, et qui me parut même contrefaite. Elle était signée d'un autre banquier, qui demeurait, disait-il, à la Chaussée-d'Antin. Il était en correspondance avec M. Abell. Il avait su par lui que la fille de mylord Tillmouth était mariée à Paris; il s'était empressé de demander son adresse à Londres pour lui remettre deux cents mille livres, que Mylord n'avait pas touchées encore lors de sa catastrophe, et qui par conséquent n'avaient pu être saisies par le Gouvernement. On ajoutait que, de peur de se compromettre, on ne remettrait cette somme qu'à Juliette ou à moi en personne; qu'il suffirait pour nous faire connaître de présenter une des lettres de M. Abell, et qu'on nous attendait l'un ou l'autre le lendemain à dix heures du matin. Nous trouvâmes extraordinaire, et même invraisemblable, qu'Abell eût commencé par faire mention de nous dans des lettres d'affaires; qu'il eût ensuite donné notre adresse aussi légèrement. Il nous parut étonnant que sa dernière lettre ne dît rien d'un objet aussi intéressant. Nous pensâmes que si cette somme était effectivement demeurée entre les mains du banquier, la lettre-de-change avait dû être trouvée dans les papiers de Mylord à la levée des scellés. Nous ne concevions pas que ce banquier ne parlât point de cet effet, qui pouvait seul lui servir de décharge. D'ailleurs, il ne paraissait pas probable qu'un homme qui agissait contre les intérêts du Gouvernement, entrât dans ces détails dans une première lettre, qui pouvait à la rigueur tomber dans des mains étrangères. Il eût été plus naturel et plus simple de se borner à m'inviter de me rendre chez lui, pour y prendre communication d'un objet important. Nous soupçonnâmes qu'on nous tendait un piége, et nous résolûmes de ne sortir de chez nous que pour monter dans la diligence.

Dans le courant de la journée nous fîmes de nouvelles réflexions. Il n'était pas impossible que l'homme chargé d'aller recevoir les fonds de Mylord, fût, au moment de sa mort, porteur de cette lettre-de-change, et que ne sachant à qui la remettre à Paris, ni à qui la renvoyer à Londres, il l'eût déposée chez le banquier lui-même, que des correspondances étendues mettaient à portée de prendre les informations nécessaires. Il n'était pas impossible que ce banquier, en m'écrivant, eût oublié de parler de cette lettre-de-change. La somme était trop considérable pour être sacrifiée à un premier mouvement de défiance, qui pouvait n'être pas fondé. Enfin, nous arrêtâmes que nous prendrions au moins quelques éclaircissemens préliminaires. J'envoyai acheter un Almanach royal, et j'y trouvai en effet le nom et l'adresse portés sur la lettre que j'avais reçue. Cela me rassura un peu. Cependant comme on pouvait avoir pris dans ce même almanach cette adresse et ce nom, j'écrivis sur-le-champ au banquier, pour m'assurer que la lettre fût de lui, et lui annoncer qu'alors je me rendrais le lendemain à son invitation. Juliette m'observa que le banquier avoit des craintes, et que, ne connaissant pas mon écriture, peut-être il ne répondrait pas. Elle ajouta que, pour le convaincre, il serait bien de mettre une des lettres d'Abell dans la mienne. Je suivis ce conseil, j'envoyai chercher un commissionnaire, et je lui recommandai de ne remettre mon paquet qu'au banquier lui-même. Je ne voulus pas me servir de la mère Jacquot. Je connaissais son bon cœur, mais on pouvait la suivre encore, la faire parler; et j'avais tout à craindre de sa simplicité et des desseins de son curé.

Une heure et demie après, le commissionnaire revint, et me rapporta mon paquet. Le banquier était sorti, et on lui avait dit que le cabinet fermait tous les jours à quatre heures. Le lendemain à huit heures du matin je reçus une seconde lettre, dans laquelle on m'engageait à ne pas manquer l'heure indiquée, parce qu'on avait reçu la veille la nouvelle d'une faillite considérable à Bordeaux, qu'on montait en chaise à midi, et qu'on ne reviendrait à Paris qu'après l'arrangement de cette affaire, qui pouvait traîner en longueur. Pendant que je lisais, une bonne femme, qui demeurait dans notre ancienne maison de la rue Saint-Victor, vint prier la mère Jacquot à déjeûner avec elle. Je la pressai moi-même d'accepter; j'étais sûr qu'elle y passerait la matinée, et que le curé ne profiterait pas de mon absence pour tirer d'elle de nouveaux éclaircissemens, dans le cas où il lui serait resté quelque chose à apprendre. Je priai Juliette de fermer la porte à double tour, et de n'ouvrir à personne avant mon retour.

Je courus à la Chaussée-d'Antin. Je me présentai chez le banquier. Je lui fis part de l'objet qui m'amenait chez lui; je me nommai, je lui mis sous les yeux toutes les lettres d'Abell : il m'écoutait d'un air étonné. Il me répondit que jamais il n'avait eu de fonds à Mylord, qu'il ne connaissait pas M. Abell, et qu'il ne m'avait point écrit.

Je sortis précipitamment, je me jetai dans un fiacre ; je donnai six francs au cocher, et je le conjurai d'aller à toutes jambes. En moins d'un quart-d'heure je fus rendu chez moi. Tout était parfaitement tranquille dans le quartier. Je demandai à un boulanger, qui demeurait au rez-de-chaussée, s'il n'y avait rien de nouveau. — « Pas » la moindre chose, me dit-il, et je montai ». J'entendis la voix de Juliette : je m'arrêtai, je prêtai l'oreille. — « Il est affreux, disait-elle, qu'un » homme de votre ministère abuse de son crédit » pour persécuter des malheureux qui ne l'ont » point offensé. — Finissons, reprit le lâche curé. » Je ne suis pas venu ici pour discuter. Je vous ai » déclaré mes vues, prêtez-vous-y. Je suis maître » de votre secret, et je vous punirais d'oser me » résister ». Ma fureur n'eut plus de bornes ; je cherchai la clef, elle était en dedans. D'un violent coup de pied j'enfonçai la porte, je saisis une bûche, je tombai sur le traître, et je le conduisis à grands coups jusqu'au bas de l'escalier. Je remontai, je mis la tête à la fenêtre, et je vis ce malheureux marchant difficilement, mais d'un air parfaitement calme. Son regard composé se portait par-tout. Il avait ces manières affectueuses et douces, que ces gens-là affectent avec tant de vérité, et qui ont fait tant de victimes. — « Sor-» tons d'ici à l'instant, dis-je à Juliette, sortons ;

» peut-être dans une heure il ne sera plus temps...
» C'est moi qui t'ai perdue. Sans mon coupable
» amour, tu te serais rendue aux vœux de ton
» père; il ne serait pas entré dans ce fatal café.
» Il vivrait riche, considéré, heureux; tu parta-
» gerais sa félicité; tu ferais celle de l'homme
» estimable dont j'ai peut-être empoisonné la vie.
» Tu ne serais pas en butte aux persécutions d'un
» infâme; tu ne serais pas réduite à chercher
» un asyle, que tu ne trouveras peut-être pas.
» Je suis un malheureux.... j'ai manqué à ton
» père; le ciel est juste, il me punit. — Et toi
» aussi tu me tourmentes! Que deviendrai-je, si
» tu te joins à nos persécuteurs »? Et cent baisers, mille baisers me fermèrent la bouche, et me rafraîchirent le sang. Je l'avais affligée; je demandai pardon; mes larmes coulèrent; elle ne pensait qu'à les essuyer. « Sortons, répétai-je, » sortons. — Sortons, répondit Juliette ». Je pris un papier. Nous signâmes une donation de nos effets à notre gouvernante, en reconnaissance des services qu'elle nous avait rendus; nous prîmes un peu de linge, et nous descendîmes. Je remis la clef de la porte au boulanger; je le priai de la rendre à la mère Jacquot, et de lui dire qu'elle trouverait sur la table un papier qui la concernait.

Nous marchâmes par des rues détournées jus-

qu'au bord de l'eau. Nous la passâmes vis à-vis le Jardin du roi, nous traversâmes l'Arsenal, nous prîmes le boulevard, et nous allâmes sans nous arrêter jusqu'à la porte Saint-Martin. Juliette était fatiguée. Nous entrâmes dans un café; nous nous mîmes à une table écartée, et nous parlâmes à voix basse du péril nouveau auquel nous étions exposés. Je lui reprochai doucement d'avoir ouvert sa porte. Elle avait balancé; mais le curé avait, disait-il, un avis important à lui donner. Il venait lui prouver que son affection était pure et vraie, et elle l'avait reçu. L'innocence a tant de peine à soupçonner le crime! Juliette voulait que nous allassions passer dix ou douze heures, qui devaient s'écouler encore avant notre départ pour Lyon, chez le correspondant d'Abell. Je lui observai qu'il ne savait absolument rien de nos affaires, que nous ne pourrions pas nous dispenser de lui tout avouer, et nous venions d'éprouver le danger des confidences. « Ne nous en
» fions qu'à nous de notre sûreté, ajoutai-je;
» cherchons une chambre garnie; arrêtons-là,
» et restons-y jusqu'au moment où nous monte-
» rons en voiture. Notre correspondant nous fera
» tenir nos fonds à Lyon, à l'adresse que nous lui
» indiquerons. Si nous jugeons nécessaire de quitter
» enfin la France, nous nous retirerons en Hol-
» lande ou en Suisse, et nous y exécuterons le

» projet d'établissement que nous avions formé
» pour les environs de Paris. — Oui, me disait
» Juliette, nous passerons en Suisse. Nous ache-
» terons un petit bien près du lac de Genève,
» vers Lausanne ou Vevai ; nous verrons les
» rochers de Meillerie. Cela doit être doux à
» voir ».

Nous sortîmes du café. A l'entrée du faux-bourg Saint-Honoré, je vis un écriteau. Nous demandâmes le propriétaire de la maison. Je lui dis que nous arrivions de Calais par la voiture publique, que nous allions nous fixer à Versailles; mais que nous voulions avoir un pied-à-terre à Paris, où nos affaires et la curiosité nous ameneraient quelquefois. Il nous fit voir ses chambres. Nous eûmes l'air de les examiner; nous en trouvâmes une charmante, et nous payâmes la quinzaine. Notre hôte nous demanda notre nom, pour l'inscrire sur son livre ; je lui donnai le premier qui me passa par la tête. Il me demanda où nous avions laissé notre sac de nuit ; je répondis qu'il était chez un ami qui nous donnait à souper ce même soir; que je le rapporterais avec moi ; et que le lendemain j'irais retirer mes malles. Il nous crut, nous salua, et sortit.

Mon premier soin, quand nous fûmes seuls, fut de déchirer les lettres d'Abell. Elles désignaient le lieu où j'avais déposé notre petite fortune. Si par un malheur, que cependant je ne prévoyais pas, nous étions arrêtés, on ne manquerait pas de nous dépouiller de cette dernière ressource : il était bon de penser à tout.

J'envoyai chercher quelque chose chez le traiteur. Nous dînâmes très-tranquillement. Dans six heures nous devions quitter Paris; nous étions dans une sécurité parfaite.

Sept heures sonnèrent. « Bientôt, dis-je à Ju-
» liette, la nuit sera close, et nous sortirons. C'est
» une voiture désagréable qu'une diligence. On y
» entend souvent ce qu'on ne voudrait pas écou-
» ter; on ne peut pas s'y dire ce qu'on aurait tant
» de plaisir à entendre. Ajoutons à cela le désa-
» grément de quatre jours de route, sans un mo-
» ment de tête-à-tête.... Oh! c'est bien long! c'est
» bien dur !... Ce temple du mystère, que je dois
» arranger un jour, n'est-il pas par-tout où nous
» sommes ? Est-il un coin de l'univers où le Dieu
» que nous servons ne sourie à notre hommage?
» Est-il un coin de l'univers où on ne puisse
» trouver le bonheur » ? Nous le trouvâmes dans cette chambre, où nous ne faisions que passer. Hélas ! c'était la dernière fois; nous étions loin de le prévoir.

Nous arrivâmes aux diligences. Déjà les voyageurs qui devaient partir avec nous étaient rassemblés; déjà chacun présentait le reçu de sa place ; déjà les chevaux étaient dans la cour : on allait les mettre à la voiture. Un jeune commis passa près de moi, et me donna un coup de coude en me jettant un coup-d'œil expressif. Je le suivis dans le magasin. « N'est-ce pas vous, » me dit-il, qui vous nommez Happy ? — C'est » moi-même. — Sauvez-vous ; vous allez être » arrêté. Un inspecteur de police, accompagné » d'un prêtre, est venu cet après-midi demander » communication des feuilles d'enregistrement : » il s'est arrêté à votre nom avec un rire malin » qui ne m'est point échappé ». Je rentrai dans le bureau ; je tirai Juliette par sa robe. « Vîte, » lui dis-je à l'oreille, vîte, éloignons-nous ». A l'instant le curé, suivi d'une vingtaine de misérables aussi vils que lui, entra et s'écria en montrant Juliette : « La voilà celle qui veut se » soustraire aux ordres respectables du Gouver- » nement. Le voilà celui qui l'a plongée dans le li- » bertinage, et qui maltraite les ecclésiastiques » qui veulent la remettre dans la bonne voie ». Je le pris à la gorge ; je l'étouffais : on se jeta sur moi, et on me saisit. J'étais extrêmement vigoureux, je renversai deux ou trois de ces drôles, et je gagnai la cour : on mettait Juliette dans un fiacre. Je précipitai le cocher de dessus son siége, et je sautai à la portière. Je tenais la main de Juliette, ses cris multipliaient mes forces ; et malgré la supériorité du nombre, je croyais la sauver une seconde fois ; on me prit par les cheveux, et on me renversa sur le pavé : deux hommes serraient chacun de mes membres, et pouvaient à peine me contenir. Le fiacre, qui recélait tout ce qui me faisait aimer la vie, tout ce qui m'y avait jusqu'alors attaché, ce fiacre s'éloigna : je tombai dans un accès de fureur, qui m'ôta enfin la connaissance, et je me trouvai, en revenant à moi, à la merci de mes oppresseurs. J'étais dans un corps-de-garde, observé de très-près, parce qu'on avait ouvert la croisée pour me donner de l'air.

Je fis aussi-tôt une réflexion qui me décida à paraître résigné. «Juliette n'a plus d'espoir qu'en » moi, me dis-je à moi-même : on ne peut l'avoir » conduite qu'aux Dames anglaises, et je la déli- » vrerai; mais il faut me posséder, et ne pas pro- » longer ma détention par des violences inutiles ». J'affectai une modération bien éloignée de mon caractère : je parlai à mes gardes avec une douceur, qui ne diminua rien de leur vigilance, mais qui les détermina à quelques égards. Je cherchai dans ma poche une tabatière que je n'avais jamais eue ; je me plaignis de l'avoir perdue, et je priai un soldat de m'aller chercher du tabac et une autre boîte.

L'inspecteur n'avait pas d'ordres contre moi.

Il ne voulait pas me remettre en liberté ; il craignait de se compromettre en m'envoyant en prison, et il était allé prendre des instructions dans les bureaux de la police, lorsque le soldat revint avec une tabatière et du tabac. J'étais en face de la croisée, assis entre deux hommes du guet, qui observaient jusqu'à mes moindres mouvemens. Je prenais quelques prises, en déroulant le cornet. Tout en causant, j'avais l'air de vuider le tabac dans la tabatière, et je le versais dans mes mains. Tout-à-coup je me levai, et j'aveuglai à la fois mes deux gardes. Ils crièrent, trépignèrent, on accourut du fond du corps-de-garde ; j'étais déjà sauté par la fenêtre. Le factionnaire voulut m'arrêter ; je lui arrachai son fusil, je le jetai à terre d'un coup de crosse, je jetai le fusil après lui, et en deux sauts, je fus à la place Victoire. Je courus toute la rue Neuve-des-Petits-Champs ; je m'arrêtai près la barrière des Sergens, et je suivis la rue Saint-Honoré au petit pas. J'arrivai à la chambre garnie que j'avais arrêtée, et je m'y renfermai. C'est-là que je pensai à mon malheur ; c'est-là que je le sentis dans toute son étendue. Je regardai autour de moi... j'étais seul. Ce lit, où quelques heures auparavant.... j'étendais les bras, l'œil fixe, la poitrine gonflée ; j'appellais Juliette ; elle ne répondait plus au cri de ma douleur. Je la voyais au milieu d'une troupe de femmes prévenues par la calomnie, qui allaient haïr, condamner, persécuter la vertu. J'entendais crier les verroux, les gonds rouillés des portes; je les entendais se fermer sur Juliette; j'entendais ses sanglots; je la voyais invoquer le ciel, la nature, son amant. Des murs glacés, des cœurs de bronze repoussaient ses accens : les portes ne devaient plus s'ouvrir. C'est-là qu'on allait la punir d'avoir aimé; c'est-là qu'elle cesserait d'être mère avant d'avoir embrassé son enfant; c'est-là qu'un prêtre sacrilége mentirait à la probité, à lui-même, à son Dieu, qu'il emploierait la ruse, la séduction, peut-être la violence.... « O mon Dieu! comme » on te blasphême, comme on t'avilit! Et tu » peux le permettre! Ah! tu n'existes pas, ou » tu n'es que le Dieu du crime ». Je ne pus rester plus long-temps en proie aux idées qui me torturaient. Je ressortis, armé d'un bâton, et je marchai droit au couvent des Anglaises. Je voulais sauter les murailles du jardin, chercher, appeler, trouver Juliette, la saisir, l'entraîner, l'arracher à sa prison. Je dévouais à la vengeance et à la mort quiconque s'opposerait à moi. Je marchais à grands pas; j'approchais du couvent; mes dents se serraient, mes bras se roidissaient, mes veines, tendues comme des cordes, étaient prêtes à se rompre; j'étais furieux de haine, d'amour, de désespoir. Le mur avait à-peu-près douze pieds de haut : je le franchis à l'aide de mon bâton, et je sautai dans le clos. Un chien terrible s'élança sur moi : j'enfonçai mon bras dans son corps, et je lui arrachai les entrailles. Je parcourus le jardin ; je fis le tour de la maison ; je ne vis, je n'entendis rien. Je m'assis sur un banc de pierre pour reprendre mes sens, et penser à ce que j'allais faire. Je n'étais pas certain que Juliette fût dans ce couvent. Si elle y était, j'ignorais l'endroit où on l'avait renfermée. Si je pénétrais jusqu'à elle, pourrait-elle me suivre, et passer par-dessus des murailles élevées, dans l'état où elle était ? Sa grossesse était très-avancée ; j'allais tuer mon enfant, et peut-être sa mère. Je frémis, et je me levai. Je marchai tristement vers l'endroit par où j'étais entré. Je montai le long des espaliers, je me laissai aller suspendu par un bras, et je me retrouvai dans la rue. Deux hommes qui passaient, et qui me virent, crièrent à la garde. Je leur ordonnai de se taire d'un ton !.... ils se turent. Ils paraissaient vouloir me suivre, je leur ordonnai de prendre une rue qui était à main droite. Ils balançaient ; je levai mon bâton, et ils obéirent. Je retournai au fauxbourg Saint-Honoré, sans rencontrer personne, que quelques misérables patrouilles du guet : il était quatre heures du matin. Je rentrai dans ma chambre, je me jetai sur le carreau, et j'attendis le jour.

CHAPITRE III.

Peines et consolations.

Il est peu d'hommes qui n'aient éprouvé les alternatives de la fortune. Les uns, accablés des moindres revers, tombent dans le découragement, souffrent et gémissent. Les autres, se roidissant contre les coups les plus terribles, leur opposent un courage inaltérable, une constance à toute épreuve. Courbés sous la verge du malheur, ils osent braver le sort qui les poursuit; ils le combattent, ils le subjuguent, et font rougir la fortune elle-même d'avoir osé les méconnaître : j'étais du petit nombre de ces derniers.

« Laissons, m'écriai-je, laissons aux femmes,
» aux enfans, ces soupirs, ces plaintes, qui ne
» remédient à rien. L'homme est fait pour agir,
» et non pas pour pleurer. Juliette captive compte
» sur mon secours; elle me connaît, elle m'attend,
» elle ne sera pas trompée ».

J'étais ardent, impétueux, brave, opiniâtre dans mes projets, incapable de céder aux obstacles, disposé à tout entreprendre, quand tout paraissait désespéré; et cependant je sentis que je pouvais tout perdre en précipitant quelque chose. J'imposai silence à mon cœur, et je n'écoutai que la prudence. Il n'était pas possible de tirer Juliette de sa prison avant ses couches et son parfait rétablissement. Mais il était essentiel de soutenir son courage, en lui faisant savoir que j'étais libre, et que je ne m'occupais que d'elle. Il était indispensable de connaître le moment où elle deviendrait mère, pour empêcher qu'un enfant, sur lequel s'étendait déjà ma tendre sollicitude, ne fût confondu avec les fruits de la misère et du libertinage, dans un hospice où je ne pourrais ni le reconnaître, ni le réclamer; il fallait établir des intelligences dans la maison; cela était difficile, mais je ne désespérai pas d'y réussir.

Je commençai à pourvoir à ma propre sûreté. Je louai à Courbevoie une petite maison meublée, et je me donnai pour un Anglais d'une faible santé, à qui on avait ordonné le grand air. Ma figure pâle et tirée, après la nuit que je venais de passer, donnait à cette fable l'air de la vérité. On pense bien que je renonçai aux services de la mère Jacquot : elle tenait trop à son curé, pour que je tinsse plus long-temps à elle. J'arrêtai une femme du village, curieuse et babillarde; et le lendemain, jeunes et vieux, savaient qu'il y avait à Courbevoie un Anglais malade, qui ne pouvait manger que telle ou telle chose, et qui devait prendre beaucoup d'exercice : c'est ce que je voulais.

J'étais assez près de Paris pour m'y porter en peu de temps ; j'en étais assez loin pour ne pas craindre l'espionnage, et je commençai à rêver aux moyens de faire parvenir de mes nouvelles à Juliette. Ceux qui se présentèrent à moi me parurent également dangereux. Si la supérieure soupçonnait seulement mes démarches, Juliette serait plus resserrée ; peut-être la transfèrerait-on dans une autre communauté, et mes recherches et mes efforts deviendraient inutiles. Je sentis l'impossibilité d'agir moi-même. Une femme pouvait seule pénétrer dans le couvent, sous un prétexte quelconque, y retourner, y former des liaisons, découvrir enfin Juliette, lui porter mes lettres, et me rapporter les siennes. Il fallait que cette femme me fût dévouée par affection ou par intérêt, qu'elle fût insinuante, qu'elle eût de l'esprit naturel, de la discrétion : où la trouver ? Comment oser me confier successivement à plusieurs personnes, dont aucune peut-être n'aurait les qualités que je desirais, et qui seraient à-peu-près toutes incapables de garder un secret ?

Il y avait un demi-jour que je pensais à tout cela, sans être plus avancé. Le présent m'effrayait,

l'avenir n'était pas rassurant, et je cherchais à échapper à ces idées pénibles en me reportant sur le passé, où mon cœur et mon esprit se reposaient avec complaisance. « L'amour, disais-je,
» qui nous frappa du même trait long-temps
» avant que nous sussions ce que c'est que l'a-
» mour ; ces marques du plus tendre intérêt
» données sans intention, et si profondément sen-
» ties ; ces premiers mouvemens d'une jalousie
» involontaire, lorsqu'elle m'apperçut lisant à côté
» de Fanchon.... Fanchon ! Fanchon !.... Elle est
» jeune et jolie, elle ne doit pas être cagotte. Elle
» est vive, elle est femme ; elle ne doit pas man-
» quer d'adresse. Elle me marquait de l'affection;
» quelques cadeaux la rameneront à ses premiers
» sentimens. Allons trouver Fanchon ».

Pendant ce monologue, ma gouvernante montait mon lait de chèvre, que je devais prendre tous les matins, et qui ne pouvait passer qu'à l'aide d'une longue promenade. Je pris mon lait, et je partis. Je crus qu'il serait imprudent de m'avancer jusqu'à l'hôtel des Mylords. Je m'arrêtai en face du passage des Petits-Pères, je regardai, et je ne vis pas Fanchon. J'apperçus deux ou trois décrotteurs ; je mis mon pied sur la sellette, et pendant que mon homme frottait, je lui parlai indifféremment de la place Victoire, du Palais-royal ; et enfin d'une petite ravaudeuse que j'avais vue autrefois dans le passage, et qui n'y était plus. — « Ah ! monsieur, me dit-il, elle » était trop jolie pour ne pas faire sa fortune. On » a troqué son tonneau contre une boutique de » mercerie, où elle fait fort bien ses affaires. — Et » où est-elle cette boutique ? — Dans la rue du » Mail », et je m'en fus dans la rue du Mail. J'entrai chez tous les merciers. J'achetai un ruban chez l'un, une paire de gants chez l'autre; enfin je trouvai la boutique de Fanchon, qui me reconnut au premier coup-d'œil, et qui parut fort aise de me revoir. Elle me reprocha de l'avoir négligée, elle s'attendrit sur la fin déplorable de Mylord, et elle me fit sur sa fille des questions auxquelles je répondis ce que je voulus. J'étais bien aise de la pressentir avant de m'ouvrir à elle. Je la questionnai à mon tour; je la félicitai de son bien-être, et je lui demandai si elle était mariée. Elle me répondit que non, en baissant les yeux. Je conclus qu'elle avait fait comme tant d'autres. Ce sont deux terribles écueils, que la pauvreté et une jolie figure.

Après avoir parlé quelque temps de choses indifférentes, je fis prendre à la conversation une tournure un peu sentimentale. J'examinai Fanchon, elle était sensible, et j'en augurai bien. Je hasardai quelques mots, qui annonçaient les sensations douloureuses dont j'étais affecté; elle me fixa, une larme mouilla sa paupière, et elle me dit : « Vous m'avez oubliée dans la prospérité ; » vous revenez à moi dans le malheur ; vous ne » me trouverez pas changée. Dites-moi sans dé- » tour pourquoi vous m'avez cherchée, et à quoi » je peux vous être utile ». Je ne lui avais pas dit que je l'eusse cherchée ; je ne lui avais pas encore demandé ses bons offices ; sa pénétration me charma. Fanchon était justement la femme qu'il me fallait.

Je lui contai dans le plus grand détail mon amour, mon bonheur, et le coup qui m'avait frappé. Elle souriait aux tableaux doux et frais ; elle levait les épaules aux inepties de la mère Jacquot ; son œil s'enflammait quand je peignais la lubricité, l'hypocrisie, la trahison du curé : je suivais ses mouvemens ; son ame passait successivement par les différentes affections que je voulais lui faire éprouver. Je ne balançai plus à m'ouvrir entièrement à elle : je lui dis que je ne pouvais vivre sans Juliette, que je voulais la ravoir, et que j'y réussirais ; mais que je n'aurais pas un moment de repos que Juliette ne fût instruite de ce que je méditais, et que l'espérance de sa liberté prochaine ne l'aidât à supporter son sort.

« Je vais au couvent, dit Fanchon, et j'y entre- » rai. — Et comment ferez-vous ? — Ne vous in- » quiétez de rien. Les hommes ne connaissent

» que la force, et nous savons ruser ». Elle prit un carton, elle y mit des gants, des éventails, des rubans. « Restez ici, me dit-elle, et atten- » dez-moi. Dans votre état on trouve le temps » long ; je reviendrai le plutôt qu'il me sera pos- » sible ». Elle ferma la porte de sa boutique, mit la clef dans sa poche, et prit le chemin du couvent.

Pendant son absence, je me rappelai les anciens amis de Mylord. Je m'étais éloigné d'eux de peur de perdre Juliette ; je résolus de m'en rapprocher, parce qu'ils pourraient me la rendre. Madame d'Alleville avait des principes sévères ; mais l'indulgence et la bonté formaient le fond de son caractère. Je ne doutai pas que tous les bons cœurs ne prissent à moi le vif intérêt que je venais d'inspirer à Fanchon : je me flattai qu'elle ne me refuserait pas ses bons offices auprès du ministre ; et si elle réussissait, toutes nos peines étaient finies. Ce parti me sembla préférable à un enlèvement qui ne supprimerait pas la lettre-de-cachet, et qui nous laisserait exposés à des craintes continuelles. Je résolus donc de voir madame d'Alleville dans la journée.

Il y avait trois heures au moins que Fanchon était sortie. J'avais pensé, j'avais marché, j'avais regardé à la croisée, j'avais lu les étiquettes de tous les cartons, je bouillais d'impatience, lors-

que j'entendis ouvrir la porte. — « Eh bien, lui
»dis-je ? — Vos affaires vont à merveilles. —
»Vous lui avez parlé ! — Non. — Vous l'avez
»vue ? — Non. Qu'avez-vous donc fait ? Répon-
»dez, de grace, répondez. — Je vais vous le
»dire. J'ai sonné, et la tourrière m'a ouvert. Cette
»tourrière n'est pas une sœur converse ; c'est,
»selon l'usage de plusieurs couvens, une femme
»de confiance qui va et vient pour les affaires
»de la communauté. Je lui ai conté une histoire
»que j'avais composée en route. La marchan-
»dise que je portais dans mon carton venait de
»chez un marchand pressé de faire des fonds,
»et qui voulait vendre à tout prix : il m'avait re-
»commandé d'aller de préférence dans les cou-
»vens, qui, rassemblant un certain nombre de
»jeunes demoiselles, offrent des moyens de débit
»plus rapides, et sur la grande réputation de la
»maison des Dames anglaises, je commençais
»par-là ma tournée. La tourrière examinait très-
»attenivement mes gants, mes éventails et mes
»rubans : je l'ai priée de choisir, et de recevoir
»d'avance cette faible marque de ma reconnais-
»sance ; elle ne s'est pas fait prier ; elle a pris
»un peu de tout, et elle est allée m'anoncer à
»madame la supérieure. On m'a fait entrer dans
»un vaste jardin, où j'ai été à l'instant entourée
»de trente à quarante pensionnaires : je leur ai

» fait les choses moitié de leur valeur, et en cinq
» minutes mon carton s'est vuidé. La supérieure,
» grande, vieille, maigre et revêche, m'a de-
» mandé si je n'avais plus rien à vendre : j'ai ré-
» pondu qu'il me restait beaucoup d'articles chez
» moi, et que je reviendrais si on voulait. Quel-
» ques jeunes personnes, qui n'avaient rien pu
» avoir, et qui n'en étaient pas plus gaies, m'ont
» priée instamment de repasser entre trois et qua-
» tre heures, parce que c'est le moment de la ré-
» création : j'ai promis, et en répondant aux unes
» et aux autres, je me tournais de tous les côtés;
» mon œil se portait à la dérobée sur les diffé-
» rentes parties des bâtimens, sur les portes, sur
» les croisées, et je n'ai pas vu Madame, que
» j'aurais infailliblement reconnue. Je suis sortie;
» la tourrière m'a fait beaucoup de politesses, et
» je me suis apperçue qu'elle aime beaucoup à
» causer. — Au nom de Dieu, finissez donc, lui
» dis-je en l'interrompant; je ne vois pas jusqu'ici
» que j'aie tant à me féliciter. — M'y voilà, re-
» prit-elle ; au lieu de me rendre au couvent à
» trois heures, j'y arriverai à deux; ces demoi-
» selles seront en classe : je serai venue de trop
» loin pour m'en retourner, et on m'invitera à
» m'asseoir en attendant la récréation. Deux fem-
» mes ne passent pas une heure assise l'une vis-
» à-vis de l'autre sans jaser : c'est-là que j'attends

»ma tourrière, et que je lui tirerai les vers du
»nez ». J'embrassai Fanchon de toute mon ame;
je lui donnai dix louis pour la dédommager des
pertes qu'elle venait de faire et de celles que je
lui occasionnerais encore. Elle les reçut d'une
manière franche et gaie, et les serra dans sa
bourse.

Je lui parlai de la visite que je me proposais
de faire à madame d'Alleville; elle m'approuva
beaucoup, et m'engagea à ne pas différer. Je
n'avais pas besoin qu'on me poussât.

« Ah ça, dit-elle, il est midi. A une heure
»un quart il faut que je me remette en route;
»vous voudrez savoir le résultat de cette nou-
»velle démarche, ainsi vous ne retournerez à
»Courbevoie que ce soir. Dînez sans façon avec
»moi, et pendant que je serai au couvent, vous
»irez chez madame d'Alleville ». J'acceptai son
dîner d'aussi bonne grace qu'elle avait pris mon
argent, et nous nous mîmes à table.

« Mon changement de condition, me dit-elle,
»doit vous paraître étrange; je vais vous mettre
»au fait en deux mots : je déteste le libertinage;
»mais j'avoue que j'aime mes aises. Quelques
»jeunes gens qui me plaisaient assez, ne pou-
»vaient m'offrir que le partage de leur cœur et
»d'une honnête misère; cela ne me tenta point.
»Un vieux garçon, dont j'avais long-temps garni

» les bas, s'avisa enfin de me trouver jolie, et
» me fit des propositions : je les rejetai d'abord
» de la meilleure foi du monde : ma résistance
» l'enflamma. Il me parla linons, dentelles, meu-
» bles, boutique, et j'écoutai : il pressa, et je
» me rendis. Ce n'est pas l'homme que j'aurais
» choisi ; mais il est rare qu'une femme jouisse
» de son cœur ; ce sont presque toujours les cir-
» constances qui en disposent : cependant je ne
» me repens pas du parti que j'ai pris : cet hom-
» me est honnête, doux, libéral, et je lui suis
» fidelle par raison et par reconnaissance : il est
» maintenant en province, et je n'en suis pas
» fâchée ; car il est un peu jaloux, et c'est le
» seul défaut que je lui connaisse. Mais il ne re-
» viendra que dans deux mois, et alors vous
» n'aurez plus besoin de mes services. »

Ces détails n'étaient pas trop de mon goût. L'amour honnête élève l'ame, l'amour de *calcul* la dégrade. Une femme peut être faible, sans cesser d'être estimable : celle qui se vend est toujours vile. Je ne dis pas cela à Fanchon ; j'étais forcé de la ménager : je n'approuvai ni ne blâmai sa conduite. Après le dîner nous arrangeâmes un second carton ; nous l'emplîmes des objets les plus piquans et les plus frais de la boutique. Fanchon reprit la route du couvent, et j'allai chez madame d'Alleville.

Je fus reçu très-froidement. Madame d'Alleville était prévenue contre moi, et je jugeai que monsieur Abell père m'avait perdu dans l'esprit de toutes les personnes sur lesquelles il avait quelqu'ascendant. En effet, je lui avais promis de le revoir et je n'avais pas reparu ; miss Tillmoult ne s'était pas retrouvée, et tous les rapports s'étaient accordés sur sa fuite et sur la manière dont je l'avais favorisée ; le reste n'était pas difficile à deviner. Abell le fils avait gardé sur nos affaires le secret le plus inviolable, et madame d'Alleville n'était pas détrompée : elle me reprocha ma conduite avec une sorte d'amertume : je lui racontai ce qui s'était passé, avec ce ton de vérité et de candeur qu'on n'imite jamais qu'imparfaitement ; elle revint un peu sur mon compte ; mais elle était tout-à-fait changée à l'égard de Juliette. Elle avait projeté le mariage le plus avantageux, elle avait levé toutes les difficultés, et miss Tillmoult lui avait fait perdre le fruit de ses soins, et l'avait compromise envers MM. Abell. Madame d'Alleville était piquée. Son amour-propre blessé ne lui permettait plus d'écouter son cœur. Elle prétexta des visites ; je l'entendis, et je sortis.

Cet accueil si opposé à celui que j'attendais ne me découragea point : j'aurais bravé mille morts pour accélérer d'un quart-d'heure la dé-

livrance de Juliette, et j'allai chez M. de Cervières, ce conseiller au parlement que j'avais vu chez madame d'Alleville ; il pensait fortement, et des petitesses d'esprit ne pouvaient pas balancer en lui les droits de la nature : malheureusement il était malade ; il ne put pas me recevoir. Son secrétaire m'apprit qu'il aimait mademoiselle d'Hérouville, fille d'un mérite distingué. « Elle n'a qu'un frère, ajouta-t-il, colo-
» nel de dragons, beau, bien fait, couru des
» femmes de la cour, et sa sœur ne devait pas
» être un obstacle à son avancement ni à sa for-
» tune. Un couvent et des vœux forcés, tel était
» le sort qui l'attendait : indifférente, elle se ré-
» signa ; amante de M. de Cervières, elle osa résis-
» ter à son père : elle lui parla avec respect, mais
» avec fermeté, et elle se perdit. M. d'Hérouville
» se hâta de prévenir les suites d'une inclination
» qui pouvait nuire à ses projets, et comme il
» sait tout prévoir, il garde un silence absolu sur
» le couvent où il a renfermé sa fille. Un homme
» du caractère de M. de Cervières ne pouvait
» pas aimer faiblement, et la perte qu'il a faite
» l'a touché au-delà de toute expression : sa santé
» s'est sensiblement altérée ; quelque chagrin
» cuisant et secret paraît aggraver encore les
» peines de l'amour malheureux. Depuis quel-
» ques jours son état est inquiétant, et s'il ne

»prend pas une ferme résolution de combattre
»et de vaincre son cœur, nous perdrons cet
»homme estimable». Je fus touché de son état;
mais j'étais trop vivement affecté moi-même
pour penser long-temps à ce qui n'était pas Juliette. J'oubliai bientôt M. de Cervières et mademoiselle d'Hérouville, et je rentrai chez Fanchon, réduit à mes propres forces aidées de
ma seule industrie.

Fanchon venait de rentrer elle-même. Elle
accourut vers moi d'un air empressé et riant.
« Soyez heureux, me dit-elle, j'apporte des
»nouvelles positives. Fermons la porte, asséyons-
»nous, et écoutez-moi. — J'écoute, j'écoute....
»Vîte, vîte, ma chère Fanchon.... Parlez, parlez
»donc. — La tourrière a parfaitement répondu à
»mon attente. — Bon. — J'ai eu l'air d'ignorer les
»usages les plus ordinaires de la vie monas-
»tique, et elle s'est empressée de m'apprendre
»ce que je savais à-peu-près aussi bien qu'elle.
»Les nones, les pensionnaires, le directeur, les
»offices, les syrops, les bonbons, elle a tout
»passé en revue, et elle a mis à tout cela un air
»d'importance qui m'aurait fait rire, si je n'avais
»craint de perdre un mot de ce qu'elle me di-
»sait. — Après, après? — Elle ne me parlait
»encore que de choses qui ne m'intéressaient
»guères, et elle se taisait précisément sur ce que

» je voulais savoir. Elle m'avait fait la description
» intérieure et extérieure de l'église, du corps
» de logis et des aîles; elle ne m'avait fait grace
» ni d'un cierge, ni d'un fauteuil, ni d'un prie-
» dieu. Elle en était à un pavillon isolé que j'avais
» remarqué le matin dans le fond du jardin, et
» elle en parlait avec une réserve qui piquait ma
» curiosité. — Au fait, par grace. Eh bien! le pa-
» villon? — Elle grillait de m'en dire davantage,
» moi je grillais de l'entendre; mais je me suis
» bien gardée de l'interroger : un mot hasardé
» pouvait me rendre suspecte. — Enfin? — Enfin
» quand elle a vu que je gardais le silence, elle
» a pris son parti. Vous ne devineriez jamais, me
» dit-elle, ce que c'est que ce pavillon. — Moi?
» cela m'est indifférent, je vous assure. Peut-être
» une prison.... — Oui, une prison.... — Où on
» enferme certaines religieuses.... — Pas du tout :
» ce ne sont pas des religieuses qu'on y enferme.
» Nos dames remplissent exactement leurs de-
» voirs. Mais croiriez-vous que des filles de bonne
» maison, qui prennent le voile pour faire leur
» salut et jouir des douceurs de la vie, sont trans-
» formées en geolières? — Cela ne se peut pas.
» — Cela est. Il n'y a pas deux jours qu'on nous
» a encore amené une jeune dame que le curé
» de Saint-Etienne-du-Mont va diriger, et dont,
» par parenthèse, on dit beaucoup de mal.

» — Qu'importe sa conduite ? — Oh ! cela est fort
» égal à nos dames ; mais ce qui ne leur est pas
» égal du tout, c'est d'être obligées de la garder.
» Savez-vous qu'elles répondent corps pour corps
» de leurs prisonnières ? — Qu'importe encore ?
» Ces dames prennent sans doute des précautions :
» ce pavillon est sûr. — Oh ! très-sûr. Les fenê-
» tres sont grillées, les portes sont doubles, et
» cependant on craint toujours, et ce n'est pas
» sans raison. Hier, entre deux et trois heures du
» matin, quelqu'un est descendu dans le clos.
» — En vérité ! — A telles enseignes qu'on nous
» a tué un chien, qui était de force à étrangler un
» taureau. Aussi deux sœurs converses veilleront
» toutes les nuits, et le jardinier, armé d'un bon
» fusil à deux coups, couchera dans la serre ados-
» sée au grand mur qui donne sur la rue. — Et
» que voudriez-vous que des étrangers vinssent
» faire dans votre clos ? Voler des fruits, des lé-
» gumes ? — Des femmes, ma bonne amie, des
» femmes. Monsieur le curé de Saint-Etienne-du-
» Mont a dit à madame la supérieure qu'il soup-
» çonnait celui qui a tué le chien d'être un mau-
» vais sujet, qui a perdu cette jeune dame qui est
» dans le pavillon. Mais la police est à ses trousses,
» et on le mettra dans un cul de basse-fosse. — Et
» on fera bien, ma bonne amie.

» Elle est donc encore exposée aux persécutions

» de cet infâme prêtre, m'écriai-je en interrom-
» pant Fanchon; ah! je l'avais prévu. Mort au
» perfide, mort aux agens de la police, mort à
» moi-même, si je n'arrache pas Juliette à cette
» prison infernale.

» Je n'ai pas cru, reprit Fanchon, devoir vous
» cacher ces détails, affligeans sans doute, mais
» d'après lesquels vous réglerez votre conduite.
» Je vais maintenant vous dire des choses plus
» consolantes. Je suis entrée dans le jardin, et
» j'ai vendu, un œil à mon carton, et l'autre aux
» croisées du pavillon, où je n'ai vu paraître per-
» sonne. Parmi celles qui m'ont acheté, j'ai re-
» marqué une grande blonde, au teint pâle, à
» l'œil langoureux, à la démarche nonchalante,
» et sans doute au cœur sensible : tout cela va or-
» dinairement ensemble. J'ai demandé à la maî-
» tresse de classe, qui ne nous quittait pas, si ces
» dames ne vendaient aucuns de leurs petits ou-
» vrages, et je me suis proposée pour leur en pro-
» curer un débit avantageux. — Je vais parler de
» cela à madame la supérieure, m'a-t-elle répon-
» du, et elle nous a laissées. Je me suis approchée
» de la grande blonde, et en lui faisant exami-
» ner les coins brodés d'une paire de bas de soie,
» je l'ai emmenée à quatre pas du grouppe. Là,
» je lui ai dit : « Vous aimez, j'en suis sûre, et il
» y a dans ce pavillon une victime de l'amour à

» qui vous rendrez un service essentiel. Faites-lui
» savoir que son amant est libre, et qu'elle le sera
» bientôt. — Son nom ? — Happy. Elle s'est éloi-
» gnée en chantonnant, et j'ai été me rasseoir
» auprès de mon carton. Ma belle, ma bonne,
» ma sensible blonde chantait plus haut à mesure
» qu'elle approchait du pavillon, et plus elle
» chantait haut, et plus je diminuais le prix de
» ma marchandise; plus on achetait, et moins
» on prenait garde à ce que faisait la belle
» blonde.

» La religieuse est revenue avec quelques pai-
» res de manchettes, et quelques mouchoirs assez
» mal brodés, et que j'ai trouvés admirables.
» Comme je ne suis pas connue dans la maison,
» j'en ai consigné la valeur, et je me suis disposée
» à sortir. Ma grande blonde est venue tourner
» autour de moi, et m'a dit : Je suis fâchée que
» vous ne me laissiez pas vos bas de soie, ils me
» plaisent beaucoup; et elle les a repris dans
» mon carton, les a déroulés, et les a examinés
» de nouveau. — Vous ne voulez donc pas me
» les laisser? — Je ne le peux pas, mademoiselle.
» Elle les a reployés, me les a rendus, et m'a
» serré la main. Cela n'était pas nécessaire; je
» l'avais devinée. Sans faire semblant de rien, j'ai
» mis les bas dans ma poche, j'ai pris congé de ces
» dames, et me voilà.

» Vous m'apprendrez enfin, dis-je à Fanchon, ce
» que signifient ces bas et ce serrement de main.
» — Que les hommes sont bons, reprit-elle, et
» qu'il est aisé de leur en faire accroire. Vous ne
» devinez pas ? — Eh non ; expliquez-vous. — Il y
» a dans les bas un billet de la belle blonde,
» ou peut-être de Juliette elle-même. — Vous
» l'avez lu ! — Je n'y ai pas même regardé ; mais
» cela doit être ainsi. — Les bas, les bas !.... Don-
» nez-moi donc les bas ! C'est par-là qu'il fallait
» commencer votre récit ». Et ma main cherchait
sa poche, et je la trouvai, et j'y fouillai, et Fanchon me regardait faire. Je tirai ces bas précieux, je les déroulai, un papier chiffonné tomba, je le ramassai, je l'ouvris.... « C'est son écri-
» ture, m'écriai-je.... c'est de Juliette », et je
baisais le papier, et j'embrassais Fanchon ; j'aurais embrassé la belle blonde, la tourrière, tout
l'univers. « Lisez donc, me dit enfin Fanchon » ;
je lus : *Amour pour la vie. Du courage, et
sur-tout de la prudence.* « Voilà tout ce que je
» desirais, m'écriai-je ivre de joie. Elle sait que
» c'est à moi qu'elle a écrit, que son billet m'est
» parvenu, elle est tranquille, et je vais l'être »
Et à propos de tranquillité, je sautais, je prenais les mains de Fanchon, je les quittais, je re-
lisais le billet, et je revenais à Fanchon, qui riait
de tout son cœur. Ce manège dura quelque

temps. Je me calmai enfin, et Fanchon cessa de rire.

« Demain, lui dis-je, il faut retourner au cou-
» vent. Je vous donnerai une lettre pour Juliette,
» vous la remettrez à la belle blonde, et après-
» demain vous irez chercher la réponse. — Non,
» M. Happy, je ne retournerai pas demain au
» couvent. Je suivrai les instructions de Madame.
» Elle recommande la prudence, et vous n'êtes
» pas prudent du tout, mais pas du tout. Il faut
» que je puisse avoir vendu les chiffons de ces
» bonnes sœurs avant de me présenter devant
» elles; j'ai épuisé les bourses des pensionnaires,
» il faut au moins leur laisser le temps de les rem-
» plir. D'ailleurs, je ne veux pas qu'on me voie
» trop souvent. Le soupçon dort; gardons-nous de
» l'éveiller.

» Parlons un peu raison, continua-t-elle, et
» récapitulons ce que je vous ai dit, et ce que vous
» avez déjà oublié. Le curé vous poursuit. — Je
» le tuerai. — Le jardinier a un fusil à deux coups.
» — Je le désarmerai. — Les sœurs converses
» veillent. — Je leur ferai peur. — Il y a des dou-
» bles portes. — Je les enfoncerai. — On vous
» entendra. — Je m'en moque. — On vous atta-
» quera. — Je me battrai. — On vous emprison-
» nera. — Je me sauverai. — Vous êtes fou. — Je
» suis amoureux. — C'est ce que je voulais dire ».

Elle me présenta les difficultés qui s'opposaient à l'exécution de mon projet d'une manière si vraie, que j'en fus effrayé un moment ; mais plein de mes idées, ramené par une imagination de feu à ces grilles, à ces verroux qui me séparaient de Juliette, je jurai de les briser, à quelque prix que ce fût. J'avais déjà une certaine connaissance du local ; je savais où était le pavillon : c'était beaucoup. Fanchon avait toute sa tête ; elle devait m'aider de ses conseils, et j'étais bien sûr que nous trouverions à nous deux des moyens plus forts que les obstacles. Il était tard, et je pensai enfin à retourner à Courbevoie.

Fanchon m'arrêta. « Quel homme vous êtes, » me dit elle ! Ne vous ai-je pas dit qu'on vous » cherche de tous les côtés ? Croyez-vous que le » curé ne connaisse pas votre caractère entre- » prenant, et ne mettra-t-il pas à vous éloigner » de Madame le même empressement que vous » à vous en rapprocher ? N'a-t-il pas à se venger » des coups de bâton que vous lui avez donnés ; » et voulez-vous qu'un prêtre dorme, tourmenté » par la vengeance et par l'amour ? c'est tout ce » que pourrait faire un homme du monde. — Je » suis en sûreté à Courbevoie. — Oui, mais je » n'irai pas vous y chercher, pour arranger avec » vous votre plan de campagne ; vous ne pourrez pas être un jour sans venir à Paris, et ces allées

» et ces venues vous seront tôt ou tard funestes.
» — Et que faire ? — Rester ici : on ne viendra
» pas vous prendre chez moi. — Vous n'avez
» qu'un lit ? — Belle difficulté ! N'avez-vous pas de
» l'argent ? on en achetera un second. D'ailleurs,
» que ferez-vous provisoirement de Madame, si
» vous êtes assez heureux pour la délivrer ? La
» conduirez-vous à Courbevoie, à pied, en rele-
» vant de couches ? Cela n'aurait pas le sens com-
» mun. Et puis, je suis seule et je m'ennuie ; la
» solitude fera fermenter votre tête, et cela ne
» vaut rien. Vous me parlerez de vos amours ; je
» vous écouterai, et cela nous dissipera l'un et
» l'autre. Restez ici, Monsieur, restez-ici ; c'est
» ce que vous pouvez faire de mieux ».

Il n'y avoit pas à balancer sur la proposition obligeante de Fanchon, et je me gardai bien de la refuser. Elle arrêta que je passerais la nuit sur un fauteuil, que le lendemain on aurait un lit, et que je partagerais la dépense du ménage. J'avais quelque regret de perdre six mois de loyer que j'avais payé d'avance ; mais Fanchon avait réponse à tout : elle m'observa que l'argent est fait pour rouler, et je n'y pensai plus.

CHAPITRE IV.

Fautes, repentir.

Fanchon me réveilla en riant aux éclats. J'étendis les bras, je me frottai les yeux, et je lui demandai en bâillant ce qu'elle avoit à rire. « Je ris, me répondit-elle, d'un jeune homme et » d'une jeune fille, qui dorment sagement à deux » pas de distance, l'une dans son lit, l'autre dans » son fauteuil. Quel exemple pour la jeunesse ! » Eh bien ! si on publiait cela, on ne le croirait » point » ; et elle s'habillait derrière ses rideaux, en me faisant mille contes plus plaisans les uns que les autres. Je finis par en rire ; il n'y avait pas moyen de faire autrement. Quand elle eut épuisé ses folies, elle me demanda si j'avais du linge. « O mon Dieu ! lui répondis-je, ma garde-» robe se borne à ce que j'ai sur le corps. — » Pauvre garçon ! pas de linge ! Je vais vous en » donner ». Je me doutai à qui appartenait ce linge qu'elle m'offrait si complaisamment ; cela me répugna, et je le refusai. « Je n'aime pas les » choses d'emprunt, ajoutai-je ; vous me ferez le » plaisir de m'en aller acheter. — Oui, quand

» nous aurons déjeûné. Monsieur aime-t-il le café
» à la crême ? — Beaucoup. — Monsieur en aura ».
Et elle sortit, en pantoufles et en jupon court,
pour aller chercher de la crême.

Fanchon avait alors vingt-quatre ans. Elle
était grande, bien faite, jolie, et une extrême
coquetterie perçait à travers l'élégante simplicité
de sa mise. Elle parlait beaucoup, et son étour-
derie, son inconséquence donnaient à ce qu'elle
disait une tournure originale. Elle riait souvent,
et montrait alors les plus belles dents du monde.
Elle dédaignait les bienséances, détestait la contrainte, idolâtrait le plaisir, jouissait du moment,
et se moquait de l'avenir. Du reste, elle était
bonne, sensible et généreuse, comme presque
toutes les femmes à faiblesses.

Je me crus heureux de l'avoir rencontrée. Son
amitié active et prévenante suppléait à l'oubli de
moi-même. Sa gaîté inépuisable dissipait insensiblement les nuages dont j'étais enveloppé. Le déjeûner ne fut pas plus triste que les momens qui
l'avaient précédé, et à peine Fanchon eût-elle
pris son café et croqué sa rôtie, qu'elle s'approcha de moi, glissa sa main blanchette dans la
poche de mon gilet, et en tira ma bourse. —
«Voyons un peu, Monsieur, l'état de vos finances.
» — Voyez, Mademoiselle. — Trente louis ? Cal-
» culons. Dix louis, en linge et autres effets; quinze

» louis pour un petit lit de garçon, où vous
» pourrez cependant coucher avec Madame, en
» vous serrant un peu, ce qui ne vous déplaira pas;
» restent cinq louis, pour les dépenses journalières
» et extraordinaires. Une place à assiéger, et
» probablement des machines à construire....
» On ne va pas loin, avec cinq louis, en guerre ni
» en amour. Vous ferez fort bien d'aller ce soir
» rendre une visite à votre correspondant ». Et elle
partit pour m'aller acheter du linge.

Je commençai à penser sérieusement aux dispositions qui pouvaient assurer le succès de mon entreprise. Je pris du papier et une plume, pour classer et conserver mes idées. Les tasses, la cafetière, le sucrier, embarrassaient encore la table, et je m'assis sur le lit de Fanchon.

Je n'étais pas inquiet du tout sur la manière dont j'entrerais dans le clos; il ne me fallait, comme à la première fois, qu'un bâton de six pieds et mon couteau. Je posais ce bâton contre le mur, j'enfonçais mon couteau entre deux pierres, je mettais un pied sur le manche du couteau, je m'enlevais, appuyé sur le bâton; mes doigts se cramponnaient aux pierres inégales, ou rongées par le temps; je portais mon autre pied sur le haut du bâton, je cherchais l'équilibre; je m'élançais, mes mains atteignaient le couronnement du mur, elles enlevaient le reste du corps, et je sautais dans le jardin. Juliette, aidée par moi, monterait facilement aux espaliers; mais comment descendrait-elle dans la rue ? L'expédient du bâton pouvait être dangereux pour une femme faible encore, et sans habitude des exercices violens. Je cherchai, je trouvai, et j'écrivis :

Un crochet de fer, assez ouvert pour embrasser l'épaisseur du mur.
Une échelle de corde.
Le bâton de six pieds.

« Je mettrai, me dis-je, l'échelle dans une
»poche, le crochet dans l'autre, et le bâton sur
»mon épaule. Arrivé au pied du mur, j'attache
»mon échelle à l'anneau qui est au bas du cro-
»chet. Avec une bonne ficelle, je lie un bout
»de mon bâton sur la partie droite du crochet;
»je prends alors le bâton par l'autre bout, je
»lève le bras et je pose aisément le crochet sur
»le haut de la muraille; voilà mon échelle fixée.
»Je monte, je regarde, je vois la serre où cou-
»che le jardinier, je descends, j'enlève mon
»échelle en prenant le bâton pas le bas, et je
»la place aussi loin de la serre que me le permet
»l'étendue du jardin. Je remonte, j'enfourche le
»mur, je passe mon échelle en dedans du clos,
»je descends, j'enlève de nouveau mon échelle,

» et je l'étends dans un carré de légumes de peur
» que le jardinier ou quelque none ne l'apper-
» çoivent en faisant leur ronde, et ne me cou-
» pent la retraite ; j'écoute, je n'entends rien,
» et je m'avance vers le pavillon. Jusqu'à pré-
» sent cela va à merveilles.

» Me voilà à la porte du pavillon ; elle est
» fermée. Employons d'abord les moyens doux » ;
et j'écrivis sur mon agenda :

Une lanterne sourde.
Des crochets à ouvrir les serrures.
Des tenailles, pour arracher les clous des serrures, que les crochets n'ouvriront pas.
Une lime sourde, pour me servir dans le cas où je ne pourrais absolument pas entrer dans le pavillon.

Je me proposais alors de monter à l'une des croisées à l'aide de mon échelle, de scier un ou deux barreaux, de pénétrer dans le bâtiment, de faire du bruit, d'attirer les sœurs de veille, de leur prendre les clefs, de les enfermer elles-mêmes dans une chambre, de chercher celle de Juliette, de lui ouvrir et de l'emmener.

Si les moyens doux ne réussissaient pas, si j'étais entendu par le jardinier ou les sœurs de veille, et que j'eusse à craindre qu'ils répandissent l'alarme dans la maison, j'emploierais des moyens plus forts; et j'écrivis :

Une paire de pistolets à deux coups.
Des cordes neuves.
Deux bâillons.
Un briquet, une pierre, de l'amadou et des allumettes.

Les pistolets et les cordes étaient pour le jardinier, les bâillons pour les sœurs, le briquet et les allumettes pour mettre le feu au corps de logis, et enlever Juliette dans le tumulte, si je ne pouvais pas l'enlever autrement. Enfin j'écrivis en note :

Dans tous les cas, le parti le plus sûr est de marcher d'abord à la serre. Si elle est fermée, je casserai brusquement un carreau de vitre, je présenterai au jardinier ma lanterne sourde et le bout de mon pistolet, je le menacerai de lui brûler la cervelle s'il porte la main à son fusil et s'il ne m'ouvre pas à l'instant : il m'ouvrira. Je lui ordonnerai de se recoucher; il se recouchera. Je l'attacherai fortement dans son lit avec mes cordes, je lui défendrai de crier sous peine de mort, je prendrai son fusil, et je le jetterai dans un coin du jardin.

J'étais très satisfait de ces dispositions générales, lorsqu'une réflexion subite me rejeta dans un nouvel embarras. Si je me présentais chez un serrurier pour acheter des crochets et une lime sourde, je m'exposais à me faire arrêter sur-le-champ. Il était possible, à la rigueur, d'en trouver chez les marchands de vieille ferraille ; mais ils seraient hors d'état de servir, ou le marchand ne les étalerait pas : je tranchai la difficulté. « J'aurai, dis-je, du fer, un marteau, du char-
» bon, et, tant bien que mal, je fabriquerai des
» crochets. Je remplacerai la lime par une pince
» de fer, et au lieu de scier les barreaux, je dé-
» tacherai les pierres dans lesquelles ils seront
» enclavés ».

Je me transportais à ce jour si desiré, le succès couronnait mes efforts, je voyais tomber ces grilles détestées, j'entrais dans la chambre de Juliette : « C'est ton époux, c'est ton libérateur,
» lui criais-je », et son œil noir se tournait vers moi, son sein palpitait de plaisir, ses bras s'ouvraient, et j'y retrouvais le bonheur.

Fanchon rentra avec un paquet. « Plus d'obs-
» tacles, continuai-je, plein de ma délicieuse
» erreur, je les leverai tous, et Juliette est à moi.
» Venez, venez vous asseoir ici ; écoutez, lisez,
» admirez ». Fanchon ne se le fait pas répéter. Elle accourt, elle s'élance, elle est sur son lit,

elle est à mes côtés. La tête déjà exaltée, tout à mes idées séduisantes, je parle, je m'échauffe davantage, mon imagination électrise mes sens, le délire augmente, l'illusion est au comble, je crois tenir cette Juliette tant aimée, et c'est Fanchon que je presse dans mes bras; ce sont les charmes de Fanchon que je parcours, que je dévore; elle-même s'anime, s'enflamme, elle s'oublie avec moi.... Hélas! j'étais infidèle, et mon infidélité même était un hommage à l'amour.

Si Fanchon m'avait séduit, je l'aurais détestée en ce moment. La nature, la nature seule nous avait égarés. La mère du plaisir est donc aussi la mère des remords! Les miens étaient cruels. « Je » lui ai juré de vivre pour elle, m'écriai-je, et » j'ai oublié mes sermens. Elle me garde sa foi; » qu'ai-je fait de la mienne? On peut donc adorer » sa maîtresse, oui, l'adorer et la trahir! — Je ne » l'aurais pas cru, dit Fanchon d'une voix timide ». Mes yeux se reportèrent sur elle; les siens lançaient les traits acérés du desir. Le désordre où je l'avais mise et qu'elle ne pensait pas à réparer, l'abandon d'une femme vaincue, qui attend, qui implore une seconde défaite.... Ma faiblesse, l'occasion..... Pour la première fois j'oubliai Juliette, et je retombai dans les bras de Fanchon.

Je sentis bientôt la prodigieuse différence de la jouissance à l'amour. Je respirais le sentiment sur la bouche de Juliette, je demeurai froid auprès de Fanchon. Elle s'en apperçut, et ne s'en offensa point; rien ne pouvait altérer sa gaîté, ni troubler son repos. J'étais gauche, embarrassé; elle me parlait avec autant de liberté et d'aisance que s'il ne se fût rien passé de particulier entre nous. « Ce pauvre enfant, disait-elle, » dans quel état le voilà! ne dirait-on pas à son » air contrit qu'il vient de commettre un grand » crime, et cependant nous n'avons fait tort à » personne. Séparés, vous de ce que vous aimez » passionnément, moi de ce que j'aime raisonna- » blement, il était tout simple de nous laisser » aller à la circonstance. Ces petits momens d'ou- » bli sont plus fréquens qu'on ne pense; oublions » celui-ci nous-mêmes, qui diantre s'en souvien- » dra? — Oui, Fanchon, oui, il faut l'oublier. » — Eh bien! monsieur, n'en parlons plus. A » table, et vive la joie ». Que répondre à une femme de ce caractère? Elle avait une manière d'envisager les choses.... Je mangeai pour être dispensé de parler. Fanchon ne tarissait pas. Tantôt elle me faisait des contes, tantôt elle me parlait de Juliette avec autant d'intérêt et de chaleur que si elle ne fût pas sortie du rôle modeste de confidente; elle faisait pour notre réunion des vœux aussi sincères que si son propre bonheur y eût été attaché. Elle quittait ensuite le ton sentimental, et déraisonnait avec cette amabilité qui lui était familière. Si je souriais à ses saillies, elle prenait mon visage à deux mains, et me baisait de tout son cœur ; si je devenais sombre et pensif, elle me relevait le menton, me regardait d'un air moitié tendre, moitié comique, me faisait de petites mines et me baisait encore. Le moyen de tenir à tout cela ? Je me laissais faire tout platement, tout bêtement, et Fanchon se moquait de moi.

Lorsqu'elle eut fini de dîner, elle se leva, et me demanda, avec une profonde révérence, si je n'avais rien à lui ordonner. « — Eh ! que vou- » lez-vous que je vous ordonne ? — Monsieur » serait-il assez aimable pour avoir oublié que » je n'ai qu'un lit ? — Non, Mademoiselle, non, » je ne l'ai pas oublié. — Je vais donc en acheter » un autre. — Eh ! parbleu, comme il vous plaira. » — Il ne me plaît pas du tout. Cette emplette peut » fort bien se remettre à un autre jour. — Pour- » quoi donc m'en parlez-vous ? — Je n'ai pas » voulu que vous me fissiez de reproches....... » — Vous aimez mieux que je m'en fasse à moi- » même. — Oh ! ce sont vos affaires ». Elle rit, elle chanta, elle dansa, elle ferma sa boutique, elle me lutina, et ma foi.....

Le troisième jour au matin, Fanchon atten- dait mon réveil. Dès que j'eus les yeux ouverts, cette fille, originale en tout, m'embrassa et me dit : « Que ce baiser soit le dernier. Je ne veux » plus rien de vous ; vous n'obtiendrez plus rien » de moi. Frivole, inconsidérée, facile, mais » honnête au fond, je me souviens qu'il y a là-» bas quelqu'un qui souffre de votre absence. » Revenez à votre premier amour ; je ne l'ai pas » balancé ; j'en ai seulement suspendu l'influence. » Un homme aimable se permet une *distraction ;* » un homme honnête ne contracte pas d'*habi-*» *tudes*. De l'amitié bien vraie, bien solide, bien » constante, voilà ce que j'attends, ce que je » vous offre, ce que vous me devez, ce qui » nous suffira. Je vais aujourd'hui au couvent. » Qu'à mon retour Juliette soit rentrée dans ses » droits. Vous voyez que Fanchon s'est déjà re-» mise à sa place ».

Nous nous levâmes. Dans le courant de la matinée, il y eut un lit monté dans l'arrière-boutique, un loquet en dehors de ma porte, un verrou en dedans de la sienne. Je la regardais aller, venir, arranger ; elle m'étonnait, elle m'humiliait. Tels étaient ma démence et mon aveuglement, qu'il fallut qu'une fille me rendît à moi-même. O jeunesse ! jeunesse ! don précieux et fatal ! l'homme te prodigue, te prostitue et te survit pour te regretter.

La présence, les agrémens, les discours de

Fanchon m'avoient éloigné jusqu'alors de ces réflexions amères. Elle me quitta pour retourner aux Dames anglaises, et je me trouvai seul avec ma conscience. J'entendis le cri de mon cœur ; la raison, armée de son cruel flambeau, m'éclaira sur des fautes volontaires que rien ne pouvait excuser. Le prestige étoit dissipé ; je me voyais à nud, j'étais effrayé de moi-même. J'errais dans cette chambre, j'en parcourais les recoins, j'y cherchais le repos, je me retrouvais par-tout. Juliette se montrait à moi. Je la voyais indignée et menaçante ; elle repoussait mes caresses, elle rachetait sa liberté par les faiblesses mêmes dont je lui avais donné l'exemple : j'avois perdu le droit de me plaindre ; je n'osais plus même être jaloux. Fanchon rentra, hors d'haleine, excédée, toute en eau. « Vous êtes dans un état af- » freux, me dit-elle ; le temps des regrets est » passé ; celui d'agir est venu. — Que voulez- » vous dire ? — Vous allez être père. — Et c'est » vous qui me l'annoncez ! — Oui, c'est moi qui » recevrai votre enfant, qui vous le conserverai, » qui le rendrai à sa mère ». Quelle fille que cette Fanchon ! Quelle réunion de qualités opposées! Il fallait tout-à-la-fois l'estimer et la plaindre.

Elle me conta qu'elle étoit dans le couvent. Elle réglait avec la maîtresse de classe le compte des articles qu'elle supposait avoir vendus. Elle

attendait la grande blonde, et elle calculait, se trompait, et recommençait pour se tromper encore et gagner du temps. La grande blonde ne parut point, et il fallut finir. Elle se retira et s'arrêta chez la tourrière. Elle était à peine avec cette femme, qu'on la sonna dans l'intérieur du couvent. Fanchon, restée seule, examina les portes, les grilles, et ne remarqua rien qui pût me donner des facilités. Il y avoit quelques clefs dans une armoire; mais ce ne pouvait pas être celles du pavillon. La tourrière revint. « Je suis fâchée,
» dit-elle à Fanchon, de ne pouvoir pas causer
» un peu avec vous; mais il faut que je sorte.
» — Et où allez-vous? — Chercher une sage-
» femme. — Quelle plaisanterie! — Eh! venez
» donc. On dit qu'il n'y a pas de temps à perdre ».
Elles sortirent ensemble. Fanchon ne la quittait pas, et ne cessait de la faire parler. — « Une
» sage-femme dans un couvent! — Que voulez-
» vous, répondait la tourrière, c'est un malheur.
» Serait-ce pour une de vos dames? — Jesus,
» Maria! vous avez toujours des pensées.... — Ah!
» j'entends: c'est encore ce malheureux pavil-
» lon. — Ah! mon Dieu, oui; tout cela nous donne
» bien du tintoin. — Et que ferez-vous de cet en-
» fant? — Le pauvre petit, il faudra bien le mettre
» aux enfans-trouvés. — Mais quel scandale!
» Que diront les voisins, quand ils verront em-

» porter.... — Oh ! on ne l'emportera que la nuit.
» Voilà, continua Fanchon, ce que j'ai appris
» de la tourrière. Je l'ai laissée au coin de la rue
» Saint-Hyacinthe, et je suis revenue en cou-
» rant. Je n'ai pas trop de la journée pour faire
» mes petits préparatifs »; et la voilà qui repart
et qui rentre avec une barcelonnette. Elle ressort, et revient avec de petits bonnets, du molleton de coton, de la dentelle, de la mousseline ; que sais-je ? Elle ouvre son armoire, prend ses ciseaux, met en pièces cinq à six chemises, enfile son aiguille, et commence la layette.

Je la regardais travailler avec un plaisir, une émotion, qui me faisaient oublier mes chagrins : la seule idée de voir, d'embrasser mon enfant, me pénétrait d'une joie douce. J'avais délié les nœuds qui m'attachaient à sa mère ; je sentais qu'il allait les resserrer, et cette pensée me consolait. Je me portais ensuite dans l'intérieur du pavillon. Je voyais Juliette tourmentée par des douleurs aiguës, sans soins, sans support : elle m'appelait ; et je n'étais pas là pour compatir à ses souffrances, pour les partager, pour recevoir le premier présent de l'amour. Des mains cruelles éloignaient son enfant, le dérobaient à ses caresses : des cœurs de glace étaient insensibles à ses prières, à ses pleurs. Elle avait un fils, un époux, et cependant elle était seule au

monde.... « O mon dieu ! m'écriai-je, suppor-
» tera-t-elle ce dernier coup? c'est par moi, c'est
» pour moi qu'elle souffre ; est-ce de moi qu'en-
» fin elle recevra la mort ? ».

Ces réflexions me déchiraient; mais elles me
ramenaient à Juliette avec une force nouvelle ;
mes premiers feux se rallumaient avec rapidité.
Bientôt j'osai descendre dans mon cœur : je n'y
trouvai que Juliette gravée en traits ineffaçables;
l'image de Juliette le remplissait tout entier. Je
fus content de moi. Je présentai la main à Fanchon. « Oui, lui dis-je, de l'amitié, rien que de
» l'amitié. Que ces momens d'erreurs s'effacent de
» notre mémoire ; si nous nous en souvenons, que
» ce soit pour en rougir ». — Eh ! de quoi venez-
» vous me parler là, répondit Fanchon; je n'y pen-
» sais déjà plus. Allons, mettez-vous ici et regar-
» dez-moi travailler, cela vous dissipera : sur-tout
» laissez-là vos grands mots; ils ne m'amusent pas
» du tout ».

Une chose m'avait frappé en écoutant son récit. « Il me semble, lui dis-je, que Juliette ne
» devait pas accoucher avant un mois ou cinq
» semaines. — Que voulez-vous que je réponde
» à cela? ça avance, ça recule ; ça se prend quand
» ça vient »; et elle me montrait ce qu'elle faisait ; elle m'indiquait l'usage de chaque chose ;
elle roulait une serviette, elle l'emmaillotait,

elle la coëffait, elle me la faisait baiser, elle la jetait dans un coin, et se remettait à l'ouvrage. « Nous verrons, disait-elle, nous verrons com- » ment vous vous y prendrez ce soir. A propos de » cela, comment comptez-vous vous arranger » avec la sage-femme ? — Eh, parbleu ! rien de » si simple ; j'irai l'attendre à la porte du couvent. » — Après ? — Je lui demanderai l'enfant. — Si » elle ne veut pas vous le donner ? — Je le pren- » drai. — Si elle crie ? — Je lui offrirai de l'argent. » — Si elle le refuse ? — Je le remettrai dans ma » poche et je l'enverrai promener. — Si...... — » Oh, si, si !... Je ne sais pas prévoir les choses » de si loin ; j'agirai comme on agira ».

Nous prîmes à peine le temps de dîner : Fanchon se remit à son ouvrage. La layette avançait, il était cinq heures, et je la priai d'aller chercher une voiture. « Êtes-vous fou, me dit Fanchon, » il fait jour jusqu'à huit heures. — Et si on em- » portait l'enfant plutôt qu'on ne se l'est proposé ? » il vaut mieux attendre. — Où ? dans la rue ? » vous exposer.... Ah ! il y a un cabaret en face ; » nous demanderons un cabinet. — Vous venez » avec moi ? — Certainement : peines et plaisirs, » je partage tout avec mes amis ». Elle sortit, et » revint avec un fiacre ».

Nous partîmes, nous fîmes arrêter le cocher au coin de la rue ; Fanchon prit mon bras, et nous allions entrer dans le cabaret, lorsque la tourrière parut à la porte du couvent : le premier mouvement de Fanchon fut de retourner. « Elle » nous a vus, dit-elle, n'ayons pas l'air de l'évi- » ter ». Nous l'abordâmes, et Fanchon lui présenta son frère : je servais dans les dragons, et je venais passer un congé de six semaines avec elle. Les meilleures idées viennent souvent lorsqu'on les cherche le moins. Je pris la parole, et je dis à la tourrière que nous allions, ma sœur et moi, faire un petit goûter sur le boulevard neuf, que j'étais enchanté de rencontrer quelqu'un de sa connaissance, et qu'elle m'obligerait beaucoup si elle voulait être de la partie.

« Votre sœur sait bien, répondit la tourrière, » que je ne peux pas m'éloigner ». Je m'attendais à cette réponse. « Eh bien ! lui dis-je, goûtons » chez vous ; nous y serons aussi bien qu'ailleurs, » et vous resterez à vos affaires. — Chez moi, con- » tinua la tourrière ! — Je ne vois pas de difficulté » à cela, poursuivit Fanchon. — Pourvu qu'on » ne s'apperçoive de rien, continua la tourrière. » — Soyez tranquille, lui dis-je, j'ai des poches » comme des bissacs ; j'y cacherais le goûter de » toute la communauté ». J'entrai au cabaret ; je pris ce qu'il y avait de mieux, et je rejoignis ma sœur.

Elle était déjà en conversation réglée avec la

tourrière. Je les écoutai; j'avais l'air de ne penser
à rien, et je pensais à tout. Je marchai sur le pied
de Fanchon, et elle m'entendit. — « A propos,
» dit-elle, et votre accouchement ? — Oh ! c'est
» fini, dieu merci. — Heureusement ? demandai-
» je. — Très-heureusement. — Et la pauvre mère,
» poursuivis-je.... — Bah ! dit Fanchon, en me
» coupant la parole, ces femmes-là se consolent
» aisément. — Mais, pas trop, reprit la tourrière.
» Celle-ci est fort triste, à ce que disent nos dames;
» mais elle est assez calme. — Et qu'a-t-elle dit,
» reprit Fanchon, quand on lui a ôté son enfant?
» — On ne le lui a pas ôté encore. — Elle l'a donc
» embrassé ! m'écriai-je. — Taisez-vous, mon
» frère, et versez à boire. — Tope, répon-
» dis-je ; à l'accouchée ! — Eh ! pourquoi pas ?
» dit la tourrière. Le bon Dieu juge le pécheur ;
» c'est à nous à le secourir et à le plaindre. —
» Voilà, ma chère amie, voilà la vraie morale ! »
Et je lui sautai au cou. Elle fit une grimace ; mais
une grimace.... Celle-là, je n'entreprendrai pas
de la décrire. Fanchon cria plus haut qu'elle,
pour lui imposer silence ; elle me tança de la
bonne manière. On sonna à la porte extérieure :
c'était la sage-femme. Je profitai du moment
pour retourner au cabaret, et j'en rapportai une
bouteille d'eau-de-vie, que je mêlai parmi les
autres. La Sage-femme était une grosse maman

de bonne humeur, et je l'invitai à boire un coup ; elle en but deux, et se fit ouvrir la porte intérieure. — « Nous vous verrons en repassant, » lui cria Fanchon. — Oh ! elle ne sortira pas sans » ma permission, dit la tourrière » Et elle continua de faire fête à un jambonneau qui, vraiment, n'était pas mauvais, et qui rappelait son buveur.

Le temps s'écoulait. La tourrière humectoit le jambon ; mais je m'impatientais, et Fanchon me faisait signe de me modérer. J'entendis appeler. — « Ouvrez vîte, dis-je à la tourrière, voilà la » sage-femme ». Je me levai, j'allai au-devant d'elle, je pris l'enfant. Le pauvre petit pleurait ; il semblait regretter sa mère. Je lui présentai du vin et du sucre. Il but, il me sourit, et mon cœur se dilata. — « Voyez, disait Fanchon, comme » mon frère entend cela ; ne dirait-on pas qu'il n'a » jamais fait d'autre métier » ? La sage-femme me regarda, et regarda Fanchon. « Si vous n'aviez » pas l'air aussi sage, lui dit-elle, je ne croirais pas » trop à la fraternité ». Fanchon se mit à rire. La sage-femme rit aussi. « A table, à table, m'é- » criai-je, pour détourner la conversation. — A » table, répéta la sage-femme. Cet accouche- » ment n'est pas lucratif ; mais je vais oublier cela » avec vous : plaisir vaut mieux qu'argent ». Incapable de commander à ma tête, je commençai

une série de questions, plus imprudentes les unes que les autres ; le nom de Juliette vint deux ou trois fois errer sur mes lèvres : Fanchon me marcha sur le pied à son tour. Je compris que je n'avois rien de mieux à faire que de me taire et de verser à boire. Je versai sans relâche. « Mé-
» nagez-nous, disait la tourrière, et elle ne lais-
» sait rien dans son verre. — Je suis en retard,
» disait la sage-femme », et elle se hâtait de nous rattraper. Fanchon et moi, nous buvions peu ; mais nous poussions nos convives. Bientôt la tourrière oublia la morgue monastique, et elle voulut bien s'appercevoir que j'étais joli garçon. « Ne
» vous effarouchez pas, mon cher enfant, me di-
» sait-elle, en me passant la main sous le menton,
» c'est pour votre sœur que je vous embrasse. —
» Je ne suis pas si dupe, reprenait la sage-femme ;
» je l'embrasse pour mon compte ». J'étais entre ces deux dames, et quand j'en évitais une, je n'échappais point à l'autre. Je faisais une mine qui valait toutes les grimaces de la tourrière ; Fanchon riait, elle riait.... et elle versait, et on buvait, et les accollades se multipliaient tellement, que je ne savais plus à laquelle entendre. Bientôt mes voisines balbutièrent ; bientôt leurs membres appesantis se refusèrent à leurs tendres empressemens. Je fis signe à Fanchon de mêler de l'eau-de-vie avec leur vin. Ce fut le coup de

grace : nous les mîmes toutes les deux sur le lit de la tourrière.

« Vivent les gens d'esprit, dit Fanchon ! Voilà ce » que j'appelle savoir se tirer d'une affaire. Ouvrons » la porte, et allons-nous-en ». Je voulais entrer dans le jardin, je voulais m'approcher de Juliette, essayer de la voir, de lui parler. « Vous voulez » risquer tout, sans pouvoir rien gagner, me dit » Fanchon. Madame est-elle en état de vous suivre ? » — Eh bien ! repris-je, j'emporterai du moins.... » — Quoi ? la tourrière ? — Non, ses clefs. — Et » demain on changera les serrures. Emportez ce » marmot, et rendez grace à la fortune. Elle vous » a traité ce soir en enfant gâté ».

Fanchon détacha le trousseau de la ceinture de la tourrière, elle ouvrit, nous sortîmes, et nous laissâmes le soin de fermer la porte à quiconque voudrait bien s'en donner la peine. Elle enveloppa l'enfant dans son mantelet, et nous nous éloignâmes au plus vîte. Une voiture se présenta, nous y montâmes, nous nous fîmes descendre sur la place Victoire, et nous rentrâmes chez nous enchantés du succès de notre expédition.

Je ranimai le feu ; Fanchon s'assit par terre, je m'assis à côté d'elle, et nous démaillotâmes l'enfant. C'était un joli petit garçon. Je le prenais, je le caressais ; Fanchon le reprenait et le caressait à son tour. «Voyez, disait-elle, comme il est gentil! voyez comme il vous ressemble!» —Eh! non, répondais-je, il ressemble à Juliette». La vérité, c'est qu'il ne ressemblait ni à l'un ni à l'autre.

Nous voulûmes le renvelopper. Fanchon était d'un gauche! je tâchais de l'aider; j'étais d'une maladresse! Elle se moquait de moi, je me moquais d'elle, l'enfant criait, rien n'avançait. Nous passâmes une partie de la nuit à l'appaiser, à l'arranger, à le faire boire, à le bercer. Le pauvre petit s'assoupit enfin. Fanchon porta la barcelonnette près de son lit; elle m'enferma dans ma chambre, elle s'enferma dans la sienne, et je m'endormis en méditant de nouveaux exploits.

CHAPITRE V.

Revers et succès.

JE trouvai en me levant une nourrice bien fraîche et bien appétissante. Fanchon, en allant chercher sa crême, avait interrogé les commères du quartier. On lui avait indiqué cette femme, et elle l'avait amenée avec elle.

La nourrice était déjà entrée en fonctions; l'enfant était pendu au tetton. Fanchon rassemblait la layette, en convenant de prix avec la mère adoptive, et, pour abréger la négociation, je vuidai ma bourse dans son tablier. Avec ces manières-là, on est toujours certain de plaire; aussi la nourrice me trouva fort à son gré, et elle me promit les plus belles choses du monde. Je n'avais pas oublié tout-à-fait la vie que je menais à Sangatte. Mais cette nourrice était la femme d'un garçon maréchal qui demeurait aussi dans la rue du Mail; Fanchon se promit bien d'avoir les yeux ouverts sur sa conduite, et je fus sans inquiétudes.

Quand nous fûmes seuls, nous cessâmes de penser à l'enfant pour nous occuper de la mère.

Je pris mes plans et mes notes, et je les déroulai, non pas sur le lit de Fanchon, mais sur sa table. Je lui expliquai bien longuement, et aussi clairement qu'il me fut possible, la forme que je comptais donner à chaque ustensile, et la manière dont je devais m'en servir. Fanchon écoutait, me faisait répéter, levait les épaules, ou applaudissait. Elle applaudit beaucoup au briquet, à l'amadou et aux allumettes; elle trouvait très-plaisant de brûler une maison pour enlever sa maîtresse. Quand j'eus fini de parler, elle me demanda si j'avais un cheval pour porter mes cordages et ma ferraille, et si je comptais sur une nuit de vingt-quatre heures pour exécuter mes grandes et nombreuses opérations. Je lui répondis que je me passerais fort bien de cheval, parce que tout mon équipage n'excéderait pas quarante livres, et qu'une nuit ordinaire me suffirait, parce que j'étais expéditif. «A la bonne » heure, dit-elle. D'ailleurs, si cette affaire-ci » tourne comme celle de la sage-femme, il ne » vous faudra pas beaucoup d'adresse pour la » conduire à sa fin».

Elle employa une partie de la journée à acheter ce qui m'était nécessaire pour commencer mes travaux. Sa petite cuisine ressemblait le soir aux forges de Vulcain. Du fer, du charbon, des réchauds de terre, une petite enclume, des tenailles, un marteau, une lime, Fanchon et moi au milieu de tout cela, soufflant, forgeant, battant, gâtant du fer, recommençant; c'était vraiment un abrégé du mont Etna.

J'avais mis deux ou trois baguettes de fer dans un état où le plus habile serrurier n'en aurait pu rien faire du tout. Mes mains étaient écorchées, je suais à grosses gouttes, je jurais, Fanchon s'impatientait. Elle recommença à souffler, je recommençai à forger, et je ne réussis pas davantage. Je jetai à l'autre bout de la cuisine mes tenailles et mon marteau; Fanchon donna un coup de pied au réchaud et le renversa. Je me jetai sur une chaise, Fanchon sur une autre, nous nous regardâmes, et nos deux figures barbouillées et refrognées nous firent partir ensemble d'un éclat de rire.

Je ne ris pas long-temps. La liberté de Juliette dépendait de mon adresse; cette pensée suffisait pour me ranimer. Nous relevâmes le réchaud, nous rallumâmes le feu, je repris mes outils, j'essayai de nouveau avec aussi peu de succès. Je ne m'emportai plus; je m'affligeai sérieusement. Je ne voulus pas souper; je fus me coucher, et je ne fermai pas l'œil de la nuit.

Au point du jour je me levai, et je fis lever Fanchon. Nous rentrâmes dans ce malheureux attelier. Nous recommençâmes, nous nous opiniatrâmes : vains efforts. Il nous fut impossible de rien faire de passable. Je me désespérai ; Fanchon perdit tout-à-fait sa gaîté, et nous rêvâmes dans un coin, chacun de notre côté. « J'irai ce soir, m'écriai-je tout-à-coup, sonner » à la porte du couvent. — Ce soir ! — Je for- » cerai la tourrière à m'ouvrir la porte intérieure ; » et, le pistolet au poing, j'arracherai cette infor- » tunée du pavillon. — Tout cela ne se fait pas » sans bruit ; le jardinier accourra, il vous tuera. » — Tant mieux, je cesserai de souffrir. — Et » que deviendra cette tendre Juliette » ? Ce mot fit l'effet du tonnerre. Je ne repliquai rien. Je marchai tristement vers la cuisine, je regardai mon ouvrage, je sentis mon impuissance, et je tombai dans un découragement absolu.

J'avais recommandé à la nourrice de m'apporter mon enfant tous les matins. Elle ne devait pas tarder à venir : Fanchon m'y fit penser. Je me lavai et je mis du linge blanc, pour n'être pas exposé à des questions embarrassantes.

Fanchon allait et venait par la chambre. Elle regardait le plafond, en rongeant le bout de ses doigts ; elle trépignait, elle se dépitait : « Prenez » du papier, me dit-elle enfin, dessinez-moi un de » ces malheureux crochets à serrure ; je n'en ai ja- » mais vu, et je n'en peux pas deviner la forme sur » ce que vous avez fait là. Dessinez, vous dis-je ; peut-

» être ces crochets ressemblent-ils à quelqu'autre
» chose, qu'avec un peu de travail on rendra
» propre au même usage. — Je ne connais rien
» qui ressemble à cela. — C'est égal, dessinez
» toujours ». Je dessinai, et nous n'en fûmes pas
plus avancés.

La nourrice entra, et je ne lui fis pas grand accueil. Elle fut s'asseoir auprès de Fanchon, qui, aussi vive que moi, et cependant plus patiente, cherchait toujours sur mon dessin ce qu'elle n'y pouvait pas trouver. La nourrice, à qui on ne parlait pas, était mal à son aise. Pour ne pas perdre tout-à-fait contenance, elle jeta les yeux sur le papier qui fixait l'attention infatigable de Fanchon ; et pour avoir l'air de dire quelque chose, elle me demanda si j'étais facteur d'instrumens. « De quels instrumens, lui
» dis-je ? — De chirurgie, répondit-elle. — Con-
» naîtriez-vous cela, reprit vivement Fanchon ?
» — Parbleu ! mon mari cautérise tous les jours.
» — Votre mari cautérise ! — Sans doute. N'est-
» ce pas un instrument à cautères qu'on a fait sur
» ce papier » ? Quel trait de lumière ! quelle joie ! nous pouvions à peine nous contenir. Nous caressâmes le nourrisson et la nourrice, nous la fîmes déjeûner avec nous, et dès qu'elle fut sortie, Fanchon courut les quais. Elle acheta deux cautères chez un marchand, trois chez un autre,

et enfin elle m'en rapporta une douzaine de toutes les formes et de toutes les grandeurs. Je respirai en les voyant ; il n'y avait presque rien à faire. Je courbai un peu le bout, j'applanis les côtés avec une lime, je les essayai sur toutes les serrures du logement de Fanchon, et je vis avec transport qu'il n'y en avait pas qui pussent me résister. Fanchon s'était chargée de faire l'échelle de corde; et après quelques difficultés, elle réussit parfaitement. Je pris une verge à rideaux, je la cintrai par le milieu, je recourbai une des extrémités, je formai une espèce d'anneau, et voilà le crochet où je devais attacher mon échelle.

Ces préparatifs nous occupèrent pendant six grands jours, au point que nous n'eûmes pas le temps de penser à autre chose. Le soir du sixième jour, Fanchon s'apperçut que ses fonds et les miens étaient totalement épuisés. Dès que la nuit fut close, j'allai chez mon correspondant. Il se plaignit de ne m'avoir pas vu depuis long-temps. Je répondis à ses politesses sans entrer dans aucun détail. Je pris cent louis, et je revins.

Le septième jour, il ne nous restait absolument rien à faire. C'est une terrible chose que l'oisiveté et des tête-à-tête de vingt-quatre heures entre un jeune homme et une jeune fille qui ont déjà franchi le premier pas! Je regardais

Fanchon du coin de l'œil, Fanchon me regardait en dessous ; son teint s'anima, mon sang s'enflamma, j'allai à elle, elle vint à moi.... « Non, » mon ami, non, dit-elle, nous ne ferons pas de » sottises » ; et elle sortit brusquement, et elle rentra avec la nourrice. Elle tenait l'enfant dans ses bras ; elle le mit dans les miens. « C'est l'en- » fant de Juliette, me dit-elle tout bas ; embras- » sez-le ; c'est un remède sûr contre la tenta- » tion ». Elle garda la nourrice toute la journée, et le soir elle se hâta de se retirer dans sa chambre. Je la regardai au moment où elle y entrait ; elle s'arrêta et me regarda. Je tournai la tête d'un autre côté, et elle ferma sa porte. Il y avait quelque mérite à nous vaincre, car elle était très-bien, et je n'étais pas mal.

Le huitième jour, Fanchon me dit d'un air très-raisonnable : « Voilà des provisions pour » votre journée ; vous la passerez seul, de peur » qu'elle ne finisse mal. Je vous conseille d'essayer » cette nuit à délivrer Madame : il faut nécessai- » rement la mettre entre nous deux. Je serai ici » à dix heures, et je vous aiderai à disposer vos » machines ». Elle sortit.

A peine fus-je seul, que l'idée de Fanchon s'évanouit devant le souvenir de Juliette. C'est ainsi que les premiers rayons du jour dissipent quelques ombres, qui semblent encore leur disputer leur empire. Je me livrai à la douce espérance de me réunir bientôt à tout ce que j'aimais, et la journée ne dura qu'un moment.

Vers les neuf heures, je sentis quelqu'émotion. Si j'étais pris dans un couvent de filles, j'étais perdu sans ressources, le supplice m'attendait, et je ne pus penser, sans une sorte de frayeur, aux dangers que j'allais braver. Cependant si le succès couronnait mon entreprise, Juliette m'était rendue, et je ne pensai plus qu'à Juliette. Je tirai de dessous des falourdes mon échelle, ma pince, mes crochets et mes autres instrumens. Je les rangeai sur une table; je les regardai d'abord avec complaisance : bientôt de nouvelles réflexions m'inspirèrent de nouvelles terreurs. En passant auprès de moi, on pourrait, malgré les ténèbres, distinguer ces instrumens du crime, qu'il me serait impossible de cacher entièrement sous mes habits. Je pouvais être arrêté avant d'arriver sous les murs du couvent. Alors quelle défaite employer, quel détour prendre ? Les apparences seraient contre moi, et on croit plus aisément aux forfaits qu'à l'amour. Mon sang se glaça, une sueur froide me mouilla le visage, je balançai quelque temps; enfin je renonçai à mon entreprise, et je me jetai dans un fauteuil, absorbé, anéanti.

Une pluie horrible, mêlée de grêle, tomba

tout-à-coup ; elle fouaillait sur la porte et sur les vitres : ce fracas me tira de mon accablement, et le premier objet qui se présenta à ma pensée ce fut Juliette. « Quoi ! m'écriai-je, je » ne la verrais plus ! je renoncerais à elle pour » la vie ! je l'abandonnerais au malheur qui l'op- » prime !... Ah ! ce supplice est le plus affreux » de tous. La sauver, ou mourir ».

Fanchon rentra. La pluie lui avait fait prendre une précaution bien utile, et à laquelle je n'avais pas songé : elle m'apportait un manteau. « Il vous garantira, dit-elle, et il couvrira cette » quantité de choses dont vous allez vous char- » ger. — Partons, lui répondis-je ; le temps nous » favorise. Je prévois le péril ; mais je m'y jette » tête baissée ».

J'ouvris mon gillet, et je tournai autour de mon corps mon échelle et mes cordes ; j'allumai ma lanterne, et je la mis dans une de mes poches ; je mis dans les autres tout ce qu'elles purent contenir : je me fis une ceinture et j'y passai mes pistolets : Fanchon tenait la pince droite sous son mantelet. Je pris le bâton à ma main, et nous sortîmes.

La pluie continuait à tomber avec violence. Je voulais prendre une voiture, Fanchon m'en empêcha ; je formais un volume extraordinaire, et le cocher pouvait s'appercevoir de quelque chose : nous nous décidâmes à aller à pied. Dans un moment, Fanchon fut percée jusqu'à la peau, et nous allions toujours ; nous traversions des ruisseaux rapides et profonds : elle perdit ses souliers, et son ardeur ne se ralentit point. Le poids que je portais, la vivacité de notre marche m'échauffèrent bientôt ; la chaleur du sang se porta à ma tête et l'exalta ; j'arrivai sous les murs du jardin plus déterminé que jamais.

Je repris la pince ; je donnai mon manteau à Fanchon, et je la laissai dans l'enfoncement d'une porte cochère. Je ne vis personne dans la rue ; j'ajustai mon échelle, et je m'approchai de la muraille. La partie où je me trouvais était couronnée par d'énormes branches d'arbres, je jugeai qu'on n'avait pas construit une serre en cet endroit : je fixai mon échelle, et je montai. J'écoutai ; le plus profond silence régnait par-tout : je descendis, je fis quelques pas, et je me trouvai dans un carré d'asperges ; j'y cachai mon échelle. J'écoutai encore ; même calme, même silence. Je cherchai ma lanterne, elle étoit froide. Je la tirai de ma poche ; elle s'était éteinte faute d'air, et j'étais au milieu des plus épaisses ténèbres : je me rapprochai du mur ; je le suivis à tâtons. Je sentis le volet d'une croisée, et mon cœur commença à battre avec une force extraordinaire : je poursuivis, je tâtai ; la fenêtre était fermée : je poussai doucement, elle résista. Je tournai le bâtiment, j'arrivai à la porte ; elle était entr'ouverte. Je m'arrêtai, tremblant, irrésolu ; j'invoquai Juliette, je pris un de mes pistolets, et je me jetai dans la serre : je tombai sur le lit ; il n'y avait personne : je cherchai le fusil, je ne le trouvai point ; je sortis de la serre, et je m'avançai dans le jardin. Je marchais au hasard, et je m'égarai ; je me heurtai contre le banc de pierre sur lequel je m'étais assis la première fois que j'entrai dans le couvent, et je sus où j'étais.

Une lumière frappa ma vue ; elle venait droit à moi : je me mis ventre à terre. La lumière suivait toujours la même direction ; elle approchait, et je me traînai sur mes genoux et sur mes mains jusques sous des arbustes qui étaient à quelques pas : bientôt je distinguai deux religieuses qui faisaient leur ronde ; elles étaient accompagnées du jardinier, qui tenait son fusil prêt à tirer : ils passèrent à deux pieds de moi, et la clarté de leur lanterne se porta sur les murs du pavillon que j'apperçus à peu de distance. Ils passèrent et entrèrent dans un verger. Je me levai, et je courus au pavillon : j'arrivai à la porte ; celle-ci n'était pas ouverte ; je pris mes crochets. En cherchant la serrure, je rencontrai une forte bascule de fer ; je la levai et la porte s'ouvrit :

j'enfilai un passage qui me conduisit à l'escalier.
Je montai, je tâtai de nouveau à droite et à
gauche, et je passai devant plusieurs chambres
qui me parurent bien fermées. J'éprouvai un embarras que je n'avais pas prévu. Laquelle ouvrir ?
quelle était celle de Juliette ? Je n'osai pas l'appeler, de peur de réveiller quelque autre sœur
qui pouvait être couchée dans ce bâtiment.
J'allai, je revins, j'écoutai, j'entendis des accens
plaintifs, et aussi-tôt j'appliquai successivement
plusieurs crochets : la serrure céda ; je me croyais
au comble de mes vœux ; une seconde porte
m'arrêta : de ma vie je n'éprouvai un sentiment aussi pénible. « Venez-vous me délivrer,
» me dit-elle bien bas, à travers cette porte ?
» Oui, répondis-je, très-bas aussi. — Tirez le
» verrou, il n'y a pas de serrure ». Nous nous
cherchions l'un l'autre ; nos mains se rencontrèrent bientôt. Je l'entraînai derrière moi le long
du corridor, nous sortîmes du pavillon, nous
traversâmes le jardin, et je ne vis plus la lanterne. Les arbres formaient une masse d'ombre
plus épaisse que les ténèbres ordinaires ; je marchai de ce côté, et je me retrouvai dans le plant
d'asperges : je cherchai mon échelle, mes pieds
s'embarrassèrent dans des cordes, et tel était le
désordre de mes idées, que je me demandais ce
que ce pouvait être ; c'était mon échelle elle-

même, que je pris et que j'appliquai à la muraille. Je montai le premier, je l'aidai à monter après moi; je la soutins d'une main sur le haut du mur, pendant que de l'autre je passais l'échelle dans la rue : elle descendit, Fanchon la reçut, et je descendis après elle.

Je pris son bras. « Viens, lui dis-je, viens ; » éloignons-nous avant qu'on ne s'apperçoive de » ta fuite. — Grand Dieu ! ce n'est pas lui, s'écria » une femme dont la voix m'était inconnue. — » Ciel ! ce n'est pas Juliette, m'écriai-je à l'ins- » tant. — C'est la grande blonde, reprit Fanchon » en la regardant de très-près. — Au nom de » Dieu, ne me livrez pas, ne m'abandonnez pas, » nous dit cette jeune personne. — Ne craignez » rien, lui répondis-je ; mais dites-moi, je vous » en supplie, où je trouverai ma Juliette. — Dans » la chambre qui touche à la mienne ». Je remontai à la muraille. La nuit s'avançait; Fanchon voulut me retenir. « Laissez-moi, lui dis-je, de- » main il sera trop tard; l'évasion de mademoi- » selle fera du bruit : on redoublera de vigilance, » on prendra de nouvelles mesures, je ne pourrai » pas pénétrer, ou je ne la trouverai plus ». Je descendis dans le clos, désespéré de ce fatal contre-temps : il y avait de quoi perdre la tête. Je regagnai le pavillon ; j'arrivai à la porte de Juliette ; j'allais l'ouvrir, quand j'entendis celle d'en-bas qu'on fermait à double tour. On monta en parlant de l'étonnement où on était de l'avoir trouvée ouverte. Bientôt j'apperçus la réverbération de la lumière. Eperdu, hors de moi, je ne savais quel parti prendre. J'entrai dans la chambre de la grande blonde. Je me jetai sous son lit.

Les deux sœurs poussèrent un cri en voyant encore cette chambre ouverte. Elles montèrent sur le lit même sous lequel j'étais ; elles ouvrirent la croisée, et appelèrent le jardinier. Le jardinier, trop éloigné sans doute, n'entendit point, et ne répondit pas. Elles descendirent en appelant plus fort ; elles ressortirent du pavillon, et je les entendis remettre la bascule. Je me repentis alors de ne les avoir pas contenues ; mais il n'était plus temps. Je ne me possédais pas. J'étais dans un état impossible à décrire. « Inspirez-moi, mon Dieu ! m'écriai-je ; mon » Dieu, secourez-moi ». Juliette reconnut ma voix, et m'appela. Je volai à sa chambre ; j'essayai cinq à six crochets avec précipitation. Plus je me hâtais, moins cette porte s'ouvrait. Déjà j'entendais dans le jardin l'organe rond du jardinier : on allait rentrer dans le pavillon ; je n'avais plus qu'un moment. J'insinuai ma pince entre la porte et le chambranle ; je donnai une secousse violente, et je fis sauter la serrure. J'ouvris le

verrou de la seconde porte, je jetai ma pince, je me saisis de Juliette, je m'armai d'un pistolet, et j'allais le mettre sur la gorge du premier qui se présenterait. Juliette m'arrêta. « Tu seras tou-
» jours maître, me dit-elle, d'en venir à cette
» fâcheuse extrémité ». Elle me poussa dans son lit, elle se coucha par-dessus moi, et me couvrit de tout son corps. On entra dans la chambre voisine. « Elle est partie, dit le jardinier. — Elle
» est partie, reprirent les sœurs ! Qu'allons-nous
» faire ? comment annoncer cela à Madame ?
» Voyons du moins si Miss Tillmouth est chez
» elle ». A ces terribles mots, Juliette me serra dans ses bras, comme s'ils eussent pu me cacher ou me défendre. « Encore une chambre
» ouverte, s'écria une sœur ! Répondez, Miss ;
» êtes-vous-là ? — J'y suis, dit Juliette, d'une
» voix tremblante ». Le jardinier entra ; il tenait toujours son fusil à la main. Il regarda sous le lit, dans une petite armoire ; il remua fortement les grilles de la croisée. « On n'a rien fracturé,
» dit-il, et il n'y a personne ici. Voyons ailleurs ». En sortant ils trébuchèrent sur ma pince, et la ramassèrent. Ils remirent le verrou de la première porte, raccommodèrent avec ma pince même la serrure de la seconde, la fermèrent à deux tours, et continuèrent leurs recherches.

Pendant quelque temps il se fit un bruit continuel dans le pavillon. On montait, on descendait, on se récriait sur la singularité de cet événement; on n'y comprenait rien. Bientôt le jardin fut éclairé par un certain nombre de flambeaux. Je montai à la croisée. Je vis douze à quinze religieuses et cinq à six hommes armés, qu'à leurs habits je jugeai être des ouvriers habitués dans la maison. Ils se dispersèrent dans les différentes parties de l'enclos. Tout-à-coup une voix cria : « Voilà une » échelle de cordes ». On se rassembla, et à la clarté des flambeaux, je distinguai mon échelle qui passait de main en main. « Tout est » perdu, dis-je à Juliette. Je n'ai plus d'échelle, » je n'ai plus de pince; comment sortir d'ici » ! Nous nous jetâmes dans les bras l'un de l'autre, et nous fondîmes en larmes. Jamais, peut-être, deux infortunés ne s'étaient trouvés dans une situation aussi désespérante.

Le jour parut enfin. Je commençai à distinguer les traits adorés de Juliette; je la contemplais avec avidité. Qu'on se figure de quel étonnement je fus frappé; elle n'était point accouchée.

Les obstacles se multipliaient à chaque instant : l'état de Juliette me parut le plus cruel de tous. Je ne pouvais plus la sortir que par la porte de la rue.

Nous entendîmes un bruit de clefs dans le corridor. Je crus devoir me cacher, jusqu'à ce que nous nous soyons décidés à quelque chose. On avait regardé sous le lit, dans l'armoire. Je sautai dans la cheminée. Juliette me soutint, et je me cramponai avec les genoux, les coudes et les reins. On entra chez elle; on lui apportait son déjeûner. On ressortit, et par hasard je regardai en haut. La cheminée n'était pas barrée, et je continuai à monter. « Que fais-tu? où vas-tu? » me disait Juliette. — Chercher les moyens de » te sauver. — Tu exposes ta vie ! — Oui, mais » je l'expose pour toi. — Descends, je t'en con- » jure. — Non, je ne laisserai pas plus long-temps » ici ma femme, mon amante, ma vie. J'essaie- » rai tout, je tenterai tout. Si mes efforts sont » inutiles, je redescendrai, je partagerai tes ali- » mens, ton lit, ta prison, et je serai heureux » encore ». Elle m'envoya cent baisers. C'est tout ce qu'elle pouvait; nous ne nous touchions plus. Je parvins au haut de la cheminée avec des peines incroyables; mais j'y parvins. Le pavillon était dominé par des arbres élevés, et je ne pouvais pas être apperçu des maisons voisines. J'étais privé d'une partie essentielle de mes moyens, mais il me restait encore mes crochets, mes armes et mon courage.

On sonna l'office; je sortis ma tête, et je vis les religieuses, les sœurs de garde et le jardinier se rendre à l'église. « Je peux agir, au moins, » pendant une heure, me dis-je. Avançons ». Je descendis sur le toit, je m'assis, et je me traînai jusqu'à une lucarne qui n'était pas très-éloignée. On avait négligé d'y mettre des barreaux, et j'entrai dans un grenier. J'y trouvai quelques paniers d'osier, et une pile de planches, derrière lesquelles je pouvais me retirer; mais je n'avais pas pénétré jusques-là pour m'y arrêter. Je descendis jusqu'à la porte du jardin; elle n'était pas fermée à clef, mais la bascule était mise; je ne pus pas sortir du pavillon. J'apperçus près de cette porte un petit escalier qui tournait sous le bâtiment. Je descendis encore, et je me trouvai dans une cave obscure et profonde. Je la parcourus; elle ne renfermait que quelques futailles vuides. J'en comparai la grosseur à la largeur de l'escalier, et je sentis que ce ne pouvait pas être par là qu'on les avait entrées; il y avait donc une autre issue. Je marchai, et j'arrivai à un passage, au bout duquel étaient dix à douze marches qui conduisaient à une porte coupée, par-dessus laquelle je voyais les arbres du jardin; en face de moi était une autre porte soigneusement fermée. Je rassemblai des idées confuses sur les localités, et il me sembla que cette seconde cave pouvait s'étendre vers la rue, en passant sous le corps de logis. Je l'ouvris, et je fus saisi par l'éclat imprévu d'une lumière.

C'était une lampe suspendue à la voûte, dont la flamme pâle et vacillante éclairait des tombeaux. Les cérémonies des funérailles ne se faisaient point sans doute du côté par où j'étais entré. Le caveau devait être sous l'église, et communiquait probablement avec le chœur. Je regardai autour de moi, et j'entrevis dans le lointain de larges degrés, bordés d'une double rampe de fer. Je traversai le caveau, et je montai les degrés. Je fus arrêté par une trappe. Je balançai à la lever. Cependant je présumai qu'on était sorti de l'office, et ce n'était qu'en hasardant beaucoup que je pouvais réussir à quelque chose. Je me ployai en deux, et roidissant mes jarrets et mon dos, j'essayai de soulever la trappe; elle résista long-temps. Je persévérai, je redoublai d'efforts, et elle s'ébranla. Je la levai enfin, et je montai dans une petite cour environnée de tous côtés de bâtimens et de murailles très-élevées. On n'avait pas ouvert de croisées sur cette cour, et j'examinai à loisir ce qui était à ma portée. Je vis un cylindre auquel était attaché une corde qui servait à lever la trappe; plus loin, un tas de pavés, et enfin deux portes qui fixèrent toute mon attention. L'une donnait dans un bâtiment quelconque. L'autre était percée dans un mur isolé. Je m'approchai de cette dernière, je regardai à travers les fentes..... O surprise ! ô ravissement ! elle ouvrait sur la rue.

Je descendis les degrés, je tirai la trappe après moi. Je sortis précipitamment du caveau, j'en refermai la porte, et je rentrai dans la première cave, enchanté de ce que j'avais découvert. « Cette Juliette, me disais-je ; cette Juliette » dont je me suis rapproché par tant de peines, » pour qui j'ai couru tant de dangers ; cette Ju- » liette va m'être rendue, et c'est d'elle que je » recevrai le prix de mes travaux ».

J'entendis une autre cloche, qui vraisemblablement était celle du réfectoire. J'ignorois le temps qu'on donnait aux repas, et je connaissais la durée ordinaire des offices. Je savais, depuis le matin, que tous les gens de la maison y assistaient, et je résolus de rester où j'étais jusqu'à ce qu'on sonnât les vêpres. Je m'assis entre deux futailles. Je m'y tins immobile pendant deux grandes heures, livré à ce qu'une imagination ardente me présentait tour à tour de consolant et de cruel. Une foule d'idées contradictoires s'amoncelaient, se heurtaient dans ma tête. Je passais, sans interruption, de la crainte à l'espoir, du plaisir à la douleur. La cloche fit enfin retentir les airs, et ces sons, si long-temps attendus, parvinrent jusqu'à moi.

Quand je crus que tous nos surveillans étaient réunis à l'église, je courus à la chambre de Ju-

liette. « Suis-moi, lui dis-je, suis-moi ; l'heure
» de ta délivrance a sonné ». Elle frissonna à la
seule proposition d'exécuter en plein jour un
dessein aussi hardi. « Suis-moi, repris-je avec
» force. Ils sont maintenant dans une sécurité en-
» tière, et cette nuit ils veilleront ». Je l'entraînai :
sa main tremblait dans la mienne. Nous traversâmes les corridors, la première cave, et nous
entrâmes dans le cimetière souterrain. Je le refermai sur nous, et je cassai un de mes crochets
dans la serrure pour n'être pas surpris par derrière. A l'aspect de ces tombeaux, tristement
éclairés par une lampe sépulcrale, Juliette fut
saisie d'un sentiment d'horreur. « Les morts dor-
» ment en paix, lui dis-je ; je vis, et je vis pour
» toi. Marchons ». A peine eûmes-nous fait quelques pas, qu'un bruit soudain me fit tressaillir. On
leva la trappe ; j'entendis s'avancer un grand nombre de personnes ; un chant d'église frappa mon
oreille. Je me sentis sans force et sans haleine ;
j'étais glacé comme les restes inanimés que je
foulais aux pieds. Il m'était impossible de rouvrir la porte par où nous étions entrés : nous ne
pouvions plus rétrograder. L'extrême danger me
fit passer subitement de la crainte à la témérité.
Je m'avançai le pistolet à la main, prêt à verser du sang, puisque je ne pouvais plus l'épargner : Juliette tomba sur ses genoux ; je ne pus

pas m'éloigner d'elle. Des prêtres récitant l'office des morts, un cercueil, les religieuses, les sœurs converses, le jardinier, la tourrière, portant tous des flambeaux allumés, entrèrent dans le souterrain, et y répandirent une clarté qui m'inspira un nouvel effroi. Ils s'avancèrent, et je reculai en soutenant Juliette. La fosse qu'on avait ouverte se rencontra derrière nous ; nous y tombâmes l'un et l'autre, et Juliette s'évanouit. Le cortége s'approcha. Poussé au dernier désespoir, je jurai de mourir au moins les armes à la main, et je me relevai tout-à-coup. Ceux qui environnaient la fosse crurent voir un fantôme. Ils jetèrent un cri perçant, et se renversèrent les uns sur les autres. Je reconnus leur erreur, elle m'enhardit, et j'en profitai. Je tirai deux coups en l'air, et tous tombèrent la face contre terre. Je saisis mon second pistolet. « Mort, m'écriai-je d'une » voix terrible, mort à quiconque osera lever » les yeux ». L'épouvante était au comble. Je pris Juliette, je la portai au haut des degrés, je baissai la trappe, et je la chargeai de tous les pavés qui étaient dans la cour.

Au milieu de ces horreurs, je conservai encore quelque présence d'esprit. Je remarquai que la porte qui conduisait dans la rue paraissait n'avoir pas été ouverte depuis long-temps. Si je sortais par-là, je donnerais infailliblement des soupçons

à des voisins, qui pouvaient être à redouter autant que les gens de l'intérieur. Je me décidai à chercher le logement de la tourrière, qui ne pouvait pas être éloigné. Il ne me restait plus d'ennemis dans la maison : je les avais tous enfermés dans le souterrain, du moins je le croyais. Juliette reprit ses sens, elle s'appuya sur moi, et nous entrâmes sans défiance dans le bâtiment, dont la porte était ouverte. Nous trouvâmes la sacristie, d'où nous passâmes dans le chœur. Une fausse porte était pratiquée dans les lambris à côté de la grande grille, et la clef était dessus. J'ouvris, et nous arrivâmes par un couloir entre la grande porte d'entrée et celle qui fermait l'intérieur du couvent. — « Eh bien ! ma sœur, votre enterre-
» ment est-il fait ? M'amenerez-vous enfin miss
» Tillmouth au parloir, dit quelqu'un dont la voix
» ne m'était pas inconnue » ? En même temps un lâche, un infâme, un monstre, parut sur le seuil du logement de la tourrière. C'était le curé de Saint-Etienne-du-Mont. Mon sang s'alluma, la rage m'égara ; je lui tirai un coup de pistolet ; l'arme ne prit point. J'ajustai mon second coup ; le perfide se retira dans la chambre de la tourrière, et voulut s'y enfermer ; je le prévins, et je le renversai avec la porte. Il se releva avant que je pusse le saisir, il s'arma d'un long couteau qui était sur la table, et il s'élança sur moi. Je n'eus

que le temps de parer les premiers coups avec mon pistolet : ils étaient si prompts, qu'il me fut impossible de tirer, et heureusement je ne tirai pas, j'aurais été entendu de la rue. Nous nous saisîmes corps à corps. La fureur, la soif du sang, était égale des deux côtés. Il n'avait encore rien perdu de sa force, mais j'avais toute la mienne. Je le terrassai, je lui arrachai son couteau, et je levai le bras pour l'en frapper. Juliette voulut me retenir ; vains efforts. Il me demanda bassement la vie. — « Me l'aurais-tu donnée ? La voilà cette » Juliette que tu as tant convoitée, et dont tu » ne jouiras jamais. C'est à elle, c'est à la vertu, » c'est à moi que je t'immole ». Et je lui enfonçai le couteau dans le sein.

La vengeance n'est plus douce après qu'on s'est vengé. Je détournai la vue, et j'ouvris enfin la porte de la rue. Nous sortîmes en affectant un calme que nous étions bien loin d'éprouver. Je tirai la porte après moi ; la serrure était saillante ; elle se ferma.

Juliette chancelait, elle pouvait à peine se soutenir à l'aide de mon bras, et je la pressais tout bas de se faire violence, au moins jusqu'au détour de la rue. Ceux qui passaient près de nous s'arrêtaient. Les uns me suivaient des yeux, les autres continuaient leur route, tous me faisaient frissonner. La violation d'un couvent, le meurtre d'un prêtre, m'envoyaient à la roue, et j'étais innocent. Quelles réflexions, quels tourmens, quel état ! Je m'apperçus enfin que mes habits, couverts de boue et de suie, faisaient, avec la mise décente de Juliette, un contraste qui n'était que trop remarquable. « Je ne peux pas te donner » le bras dans l'état où je suis, lui dis-je; tâche » de me suivre à quelques pas de distance ». Elle était d'une faiblesse extrême; nous n'avancions pas. Je passai devant la boutique d'un fripier. J'y entrai pour y changer mes habits, et lui donner le temps de se remettre un peu. Elle reprit mon bras, et je la conduisis doucement jusqu'à la place Saint-Michel, où je croyais trouver des voitures. Elles étaient toutes en course, et il fallut se traîner à pied jusqu'à la rue du Mail, malgré la fatigue et le danger d'être reconnus.

Nous arrivâmes enfin devant la boutique de Fanchon. Elle était fermée. « Frappe, dis-je à » Juliette, qui ne savait pas encore où je la me- » nais, frappe ; si elle est sortie, je vais tomber » ici ; il m'est impossible d'aller plus loin ». Elle frappa, on n'ouvrit point ; elle frappa plus fort, personne ne répondit. « Nomme-toi, lui dis-je, » peut-être craint-elle d'ouvrir ». Elle se nomma à demi-voix par le trou de la serrure. Aussi-tôt une inconnue entre-ouvrit la porte ;

nous entrâmes, et je me laissai aller sur un fauteuil, brisé, moulu, à demi-mort d'inanition.

CHAPITRE VI.

Départ de Paris.

Juliette et l'inconnue s'empressèrent autour de moi, et me prodiguèrent des secours. Juliette m'offrait les alimens dont j'avais un si pressant besoin; sa main bienfaisante me rendait à la vie en me ramenant à l'amour. « Pauvre malheureux! » comme il a souffert », disait-elle assise sur le même fauteuil, son bras passé sous le mien, sa joue contre la mienne. — « Crois-tu que je m'en » souvienne, lui répondais-je? Je te vois, je te » touche, à quoi puis-je penser qu'à toi? — Vous » êtes heureux, nous dit l'inconnue, et je vous » dois l'espoir de l'être bientôt à mon tour. Je » reverrai aussi mon ami; j'oublierai tout auprès » de lui ».

Je rassemblai différens souvenirs, et je pensai à la grande blonde que j'avais tirée du pavillon. « C'est moi, me dit-elle, c'est moi qui vous dois » tout, et qui ne peux rien pour vous; mais vous

» avez un cœur, cherchez-y votre récompense ».

Elle nous raconta qu'elle aimait un homme du plus rare mérite. Elle avait résisté long-temps aux prières et aux menaces de sa famille. Mais il avait fallu céder enfin à l'abus de l'autorité : elle s'était laissé ensevelir dans un cloître.

La veille du jour où elle devait mourir au monde, elle avait reçu son amant chez elle. Ils s'étaient attendris, ils s'étaient oubliés, et tel était le malheur de cet homme estimable, que la crainte de devenir père le consumait en secret.

Elle vivait au milieu des religieuses dont elle allait être la compagne, insensible à leurs caresses et toute entière à son amour, quand elle me fit parvenir le billet de Juliette. Le lendemain elle était revenue sous les croisées du pavillon, elle avait chanté encore, et Juliette lui avait jeté un second billet. On la surprit, on voulut lui arracher ce papier, elle le mit en morceaux. On n'attendait qu'un prétexte pour user de violence et forcer ses irrésolutions. On se plaignit à son père ; il donna des ordres rigoureux. Elle fut enfermée dans le pavillon, pour n'en sortir qu'au moment où elle prononcerait ses vœux.

« Quoi ! lui dis-je, vous me parlez de recon-
» naissance quand vous avez les droits les plus
» vrais à la mienne ! — Quoi ! poursuivit Juliette,
« vous avez passé dix jours auprès de moi sans me

» rien dire de votre situation ! Partager nos chagrins
» c'eût été les alléger. — Savais-je, répondit-
» elle, que cette Juliette, à laquelle je parlais à
» travers une épaisse cloison, était celle dont
» j'avais reçu les billets ? J'étais défiante, parce que
» j'étais malheureuse : une confidence déplacée
» pouvait me rendre plus malheureuse encore ».
Elle ajouta que le jour même où on l'avait si inhumainement resserrée, elle venait de gagner un ouvrier qui lui avait apporté une lettre de son amant. Il était décidé à fuir avec elle ; ce contretemps fatal avait détruit tous leurs projets. « Et
» cet enfant, lui dit Juliette, cet enfant que j'ai
» entendu naître entre des verroux et des grilles ?
» — Cet enfant est le mien, répondit-elle en bais-
» sant les yeux. Des chagrins cuisans, les précau-
» tions que j'avais prises pour cacher sept mois
» ma grossesse, ont avancé sa naissance. Je le
» croyais perdu pour son père et pour moi, con-
» tinua-t-elle en m'adressant la parole ; vous me
» l'avez rendu, je l'ai embrassé ; c'est le plus
» grand de vos bienfaits. Vous savez le reste.
» Vous êtes entré dans le pavillon, je vous ai en-
» tendu. Je ne concevais pas quels moyens on
» avait employés pour ma délivrance ; mais on
» croit facilement ce qu'on espère. J'attendais
» mon amant, et quand vous avez pris ma main
» j'ai cru tenir celle de M. de Cervières. — De

» M. de Cervières, m'écriai-je, vous êtes made-
» moiselle d'Hérouville ! — Et vous êtes ce sensi-
» ble Happy dont Fanchon m'a tant parlé ! — Fan-
» chon, reprit Juliette ! — Qu'est devenue cette
» pauvre fille, demandai-je à mademoiselle d'Hé-
» rouville » ? Elle me répondit qu'elles avaient
passé la nuit ensemble sous les murs du couvent
à m'attendre, et à se désoler. Fanchon, mouillée,
sans souliers, transie de froid, avait été obligée
enfin de venir se changer; elle avait laissé mademoiselle d'Hérouville chez elle, l'avait priée de
l'attendre, était retournée au couvent, et n'avait
pas reparu depuis le matin. Juliette ne comprenait rien à tout cela : je lui contai ce que Fanchon
avait fait pour nous, à certaines choses près, qu'il
était au moins inutile de lui dire.

Une voiture s'arrêta à la porte, et nous nous
enfuîmes tous les trois dans la cuisine. Fanchon
entra, en chantant le couplet du jour. « Eh bien !
» où sont-ils donc ? dit-elle. Craignent-ils jusqu'à
» leurs amis » ? Elle embrassa Juliette avec des
marques de considérations qui me flattèrent,
et elle me parla avec une réserve dont je lui sus
bon gré. Elle nous apprit ensuite ce qui s'était
passé au couvent après que nous en fûmes sortis.
« Dès qu'il a fait grand jour, nous dit-elle, je me
» suis éloignée des murs du jardin ; vous ne pou-
» viez plus vous échapper par là. J'ai couru les

» alentours de la maison, en évitant d'être vue
» de la tourrière, qui pouvait me jouer un mau-
» vais tour, en reconnaissance de la niche que
» nous lui avons faite avant-hier. J'ai passé la
» journée à aller et venir, à regarder, à tempêter.
» Fatiguée enfin d'être sur mes jambes, je suis
» entrée dans le cabaret en face de la grande porte,
» et je me suis clouée à une croisée, entre une
» tranche de jambon et une bouteille de Bordeaux
» que j'avais demandés pour la forme. Bientôt une
» foule innombrable s'est rassemblée devant la
» porte du couvent. J'ai tremblé pour vous, et
» pourtant j'ai demandé ce que c'était.... Vous
» êtes un habile homme; vous n'avez pas seule-
» ment eu l'adresse de tuer votre curé. — Qu'il
» vive, répondis-je, et qu'il se repente. — C'est
» cet animal là, poursuivit Fanchon, qui causait
» toute la rumeur. Il s'était traîné à la croisée, il
» l'avait ouverte, et il avait appelé du secours. On
» a sonné pendant une demi-heure, et personne
» n'est venu à la porte. On a pris le parti de l'en-
» foncer, et on n'a trouvé dans la maison que
» quelques pensionnaires, qui ne savaient pas ce
» que les autres étaient devenues. Plus de religieu-
» ses, plus de sœurs, plus d'aumônier, plus de
» jardinier, plus de tourrière. Tout cela restait à
» perpétuité dans le souterrain, si ce maudit curé
» n'avoit balbutié quelques mots sur je ne sais

» quel enterrement. On a couru à la trappe, on
» est descendu dans le caveau, et on a trouvé les
» vivans et les morts pêle-mêle, et ne valant pas
» beaucoup mieux les uns que les autres. Jugez
» du bruit que tout cela a fait dans le quartier;
» mais jugez de ma joie quand j'ai su que le curé
» avait dit au commissaire qui est venu recevoir
» sa déclaration, qu'il avait été assassiné par un
» scélérat qu'il voulait empêcher d'enlever une
» Anglaise, et qui venait de s'enfuir avec elle. J'ai
» laissé le curé, les nones et le commissaire s'ar-
» ranger entre eux comme bon leur semblera. Je
» suis partie, et me voilà ».

Juliette la félicita sur la manière dont elle prenait les choses, et la remercia très-affectueuse-
ment des peines qu'elle s'était données. « Ce n'est
» pas tout, dit Fanchon, je ne suis pas au bout de
» mes courses. Vous êtes deux; mais voilà une
» belle demoiselle qui est seule, et la solitude ne
» lui vaut rien. Je demande grace pour aujour-
» d'hui; vous conviendrez qu'il m'est permis d'être
» fatiguée. Mais demain, au point du jour, j'irai
» chez M. de Cervières, qui ne s'attend pas au
» réveil que je lui garde. Nous nous occuperons
» ensuite de certains arrangemens qui vous con-
» cernent, Mesdames et Monsieur; car malgré
» ma bonne volonté, vous ne pouvez pas rester
» ici : cette dernière aventure va mettre à nos

» trousses tous les limiers de la police. Pensons
» d'abord au souper, et amusons-nous; nous ré-
» fléchirons quand le moment sera venu ».

Elle donna du papier et de l'encre à Mademoiselle d'Hérouville. « Ecrivez, lui dit-elle; écrire
» à ce qu'on aime, c'est tromper l'ennui de l'ab-
» sence. Pour vous deux, je n'ai pas de conseils à
» vous donner. Ce que je peux faire de mieux,
» c'est de vous laisser ensemble ». Et en effet elle nous laissa. Juliette me tira sur ses genoux; nous voulûmes parler affaires, nous ne pûmes parler qu'amour. Mademoiselle d'Hérouville écrivait, Fanchon faisait la cuisine, comme elle faisait tout, en riant et en chantant; tout le monde était occupé, tout le monde était content; et le plaisir du moment fit disparaître la crainte du lendemain. Nous soupâmes très-gaîment. Fanchon faisait des contes; Mademoiselle d'Hérouville riait quelquefois; Juliette et moi, nous répondions de travers, parce que nous avions notre conversation particulière, qui valait bien la conversation générale. « Je vais les faire répondre juste,
» dit Fanchon à Mademoiselle d'Hérouville. A
» quelle heure vous couchez-vous? — Tout de
» suite, lui répondis-je ». Juliette ne dit rien; mais elle me regarda..... Oh quel œil! il dit, demande, et promet tout.

Nous nous couchâmes; mademoiselle d'Hérouville avec Fanchon, et moi.... Comme elle sut me payer de ce que j'avais fait pour elle ! Une femme aimante est le premier des biens; c'est le chef-d'œuvre de la nature.

Je fus réveillé en sursaut par des embrassemens si répétés et si forts, que je ne sus d'abord qu'en penser. C'était M. de Cervières, qui n'avait pu contenir sa joie, et qui, sans plus de façons, était entré dans notre chambre pour me donner des marques de sa reconnaissance. Je me levai, et pendant que nos dames se mettaient en état de paraître, nous passâmes dans la boutique. Les passions sont les mêmes dans tous les hommes. M. de Cervières avait oublié la gravité magistrale, et il déraisonnait comme un sous-lieutenant de dragons : tôt ou tard il faut payer le tribut à la nature. Mademoiselle d'Hérouville, une moitié de ses vêtemens sur elle, et l'autre dans ses mains, accourut se joindre à nous. Je compris d'abord que Fanchon leur avait ménagé un tête-à-tête, et qu'ils s'étaient déjà *dit bien des choses*. Cependant si la conversation prit un autre tour, elle n'en fut pas moins animée. Ces deux jeunes gens étaient faits l'un pour l'autre, et je m'applaudis sincèrement d'avoir contribué à leur réunion.

Juliette entra : elle estimait M. de Cervières; elle le revit avec plaisir, et il lui dit mille choses affectueuses et honnêtes. « La première fois que

» je vous vis, continua-t-il, je pénétrai le secret
» de vos amours, et Mylord est peut-être le seul
» qui ait pu s'y tromper. Je n'ai jamais douté de-
» puis, que vous fussiez avec Monsieur ; et je suis
» bien aise que vous ayez préféré le bonheur à
» l'ambition et à la fortune ».

Nous nous assîmes tous les quatre, et nous tînmes conseil sur le parti que nous allions prendre. M. d'Hérouville, d'un côté, et le curé de l'autre, étaient deux ennemis également à craindre. Nous connaissions leur activité et leur crédit ; il fallait leur échapper ou vivre dans des inquiétudes continuelles. « Juliette a une somme assez
» forte, dis-je à M. de Cervières ; réalisez votre
» fortune, et fuyons avec nos femmes et notre
» or. Nous trouverons une terre libre, où on ne
» nous demandera pas compte de nos affections».
Cette idée fut d'abord unanimement adoptée. Cependant le prudent Cervières ne fut pas long-temps à sentir les inconvéniens de ce projet. « Votre signalement, me dit-il, et celui de ma-
» demoiselle d'Hérouville, seront infailliblement
» envoyés dans les ports de mer et aux villes fron-
» tières. Il est possible cependant d'arriver en
» pays étranger ; mais aussi, si vous étiez re-
» connu, dans quel abîme de maux ne vous trou-
» veriez-vous pas replongés? Mademoiselle d'Hé-
» rouville n'a à redouter que son père, et vous

» avez encouru la sévérité des loix ; la pureté de
» vos intentions ne vous sauverait pas. Il faut sans
» doute quitter Paris ; mais il faut rester au centre
» de la France. J'ai un ami solide et vrai. Il possède
» une assez jolie terre dans les environs de Saumur :
» vous vous retirerez là. — Vous vous retirerez là,
» interrompit mademoiselle d'Hérouville, d'un
» petit air boudeur ! Et vous, monsieur ? — Je ne
» veux plus vous perdre, ma bonne amie, et pour
» cela il faut être prudent. Votre père aura les
» yeux ouverts sur ma conduite : il faut détour-
» ner les soupçons. Je resterai quelque temps à
» Paris, je me répandrai dans le monde, je cher-
» cherai les moyens de faire prendre à nos affaires
» communes une tournure moins désavantageuse.
» La saison où je vais à la campagne n'est pas
» très-éloignée ; on ne remarquera pas alors mon
» absence, on me croira dans mes terres, et je
» serai avec vous ». Mademoiselle d'Hérouville
n'était pas du tout d'avis de se séparer de M. de
Cervières ; mais Juliette lui parla si raisonnablement, si fortement, qu'elle fut obligée de
céder.

M. de Cervières se chargea de faire acheter
une berline. On convint qu'on prendrait les chevaux et le cocher de son ami. Mademoiselle d'Hérouville, grande et svelte, devait se mettre en
homme, et passerait pour le frère de Juliette ;

nous prendrions des noms supposés, nous partirions sans délai, et on laisserait l'enfant chez sa nourrice, sous la surveillance de Fanchon.

M. de Cervières se disposa à nous quitter. Il voulait prévenir son ami des arrangemens que nous venions de prendre, et il nous engagea à l'y aller joindre le soir : le logement de Fanchon était continuellement ouvert au public, et il pouvait être dangereux de s'y arrêter plus long-temps. A la seule idée de ne revoir M. de Cervières que le soir, mademoiselle d'Hérouville fit encore une petite mine si expressive, si jolie, si touchante ! Elle fut remarquée ; c'était ce qu'on voulait. « Et comment faire, lui dit le bon Cervières ? Je » suis connu. Si je viens ici deux fois dans la jour- » née, on y fera attention, et les circonstances » exigent une extrême circonspection. — Je m'en- » velopperai dans mes coëffes, Fanchon m'ac- » compagnera, je vous suivrai de loin, de très- » loin. J'arrivai chez votre ami un grand quart » d'heure après vous ; c'est plus qu'il n'en faut » pour vous rassurer ». Il lui sourit, et l'embrassa.

Nous nous quittâmes, M. de Cervières et moi, pénétrés l'un pour l'autre de cette affection sincère, qui ne manque jamais de s'établir entre deux êtres qui éprouvent les mêmes penchans et les mêmes malheurs.

Mademoiselle d'Hérouville et Fanchon le suivirent de très-près. Nous pensâmes, Juliette et moi, à ce qui nous était nécessaire pour le voyage. J'avais du linge ; mais les effets de Juliette étaient restés à notre logement de l'Estrapade, ou à son couvent ; elle n'avait absolument rien. Fanchon se chargea, avec sa complaisance ordinaire, de lui acheter les choses de première nécessité, et au déclin du jour je sortis à mon tour pour aller prendre chez notre correspondant le reste de nos fonds.

Je jouis en entrant chez lui de la plus agréable surprise. J'y trouvai Abell le fils. Nous nous embrassâmes comme deux amis qui n'espéraient plus se revoir, et qui se réunissent au moment où ils y comptent le moins. La paix venait de se conclure entre la France et l'Angleterre, et Abell avait succédé à son père dans l'honorable emploi de secrétaire d'ambassade. Son premier soin, en arrivant à Paris, avait été de s'informer de nous, et la voix publique lui avait appris confusément nos derniers malheurs. Il ignorait les détails; mais il en savait assez pour concevoir de vives alarmes, et il était venu chez son correspondant pour nous découvrir et nous être utile, si cela dépendait de lui. Je lui contai ce qui nous était arrivé, ce que nous avions à craindre, et ce que nous avions résolu. « Non, dit-il, non, vous ne

» sortirez pas de Paris dans une voiture particu-
» lière. Votre aventure est publique, on ne parle
» que de cela, et on vous peint sous des couleurs
» affreuses : c'est peu de chose ; mais ce qui n'est
» pas indifférent, ce sont les précautions prises
» pour s'assurer de vous. Il ne sort rien des bar-
» rières qui ne soit exactement visité. Vous ne
» passerez qu'à la faveur d'une livrée respectable,
» et je vous la procurerai. En attendant venez
» chez l'ambassadeur d'Angleterre ; les gens de
» la police n'entrent pas là. — J'accepte vos offres,
» lui dis-je ; allons prendre Juliette. — Allons,
» reprit Abell ». Nous mîmes deux sacs d'or dans
sa voiture, et nous arrivâmes chez Fanchon. Il
soupira en revoyant Juliette : on n'oublie jamais
entièrement ce qu'on a tant aimé. Juliette, de son
côté, était embarrassée : je les mis à leur aise.
« Vous vous estimez trop, leur dis-je, pour ne
» pas vous aimer un peu, et la contrainte nuit à
» l'amitié. Causons librement ». Il répéta à Juliette
ce qu'il m'avait dit chez le correspondant, et des
larmes lui vinrent aux yeux. « Il est décidé, dit-
» elle, que nous n'aurons pas un moment de repos.
» — Votre sort changera, Madame, lui répondit
» Abell. Vous êtes anglaise ; c'est un titre auprès
» de l'ambassadeur, et le cabinet de Versailles ne
» lui refusera pas la première grace qu'il sollici-
» tera. Je me charge de tout, je réponds de tout.

» évitons seulement les premières poursuites. Il
» serait dur pour vous et pour vos amis que
» vous éprouvassiez encore quelques désagré-
» mens ».

Nous prîmes congé de Fanchon. Juliette la pria de la manière la plus pressante de recevoir cent louis. Elle refusa obstinément. « Laissez-moi, » nous dit-elle, le plaisir de vous avoir obligés; » votre argent lui ôterait tout son charme ». Elle me serra la main, et nous montâmes en voiture.

Lorsqu'Abell nous eut conduit dans son appartement, il me demanda des notes positives sur notre dernière catastrophe et sur les causes qui l'avaient produite. Il écrivit une partie du jour sous ma dictée. Il me fit ensuite différentes questions sur mademoiselle d'Hérouville et M. de Cervières qu'il avait beaucoup vus chez madame d'Alleville, et il écrivit encore mes réponses. Il remonta en voiture pour les aller prendre et les amener chez lui. « Elle sera ici plus en sûreté » qu'ailleurs, nous dit-il, et vous ne serez pas » fâchés d'être ensemble ». Une demi-heure après ils entrèrent tous les trois. Mademoiselle d'Hérouville avait déjà ses habits d'homme. « Voilà un » joli polisson que je vous recommande, dit M. de » Cervières à Juliette : il est bien séduisant et bien » aimable ; prenez garde à votre cœur ».

La rencontre d'Abell changea quelque chose

à nos dispositions. On arrêta que M. de Cervières ferait partir la berline le lendemain de bonne heure, qu'elle nous attendrait à Etampes, et que nous irions jusqu'à cette petite ville dans une voiture de l'ambassadeur.

Abell nous promettait beaucoup, et ce n'était pas un homme léger : ses promesses nous inspirèrent de la confiance. Mademoiselle d'Hérouville et Juliette, jeunes, belles, sensibles, Cervières et moi empressés, tendres et heureux, Abell exhalant autour de lui l'ame la plus délicate et la plus honnête, tout concourait à rendre cette soirée délicieuse. Elle s'écoula dans ces épanchemens mutuels, dans ces soins recherchés où l'amitié sait égaler l'amour.

M. de Cervières se leva et se retirait. « Où » allez-vous, lui dit Abell ? j'ai des lits à vous » donner ». Cervières courut se rasseoir auprès de mademoiselle d'Hérouville. Elle le regarda en dessous, et rougit. « Imitez miss Tillmouth, lui » dit Abell. Elle n'a pas craint d'aimer ; elle ne » rougit pas d'ajouter chaque jour au bonheur de » ce qu'elle aime. Mes amis, la vertu est en nous. » Elle est indépendante des conventions humaines, » et miss Tillmouth et mademoiselle d'Hérouville » sont des femmes respectables à mes yeux. Puisse » le ciel un jour m'en accorder une qui leur res- » semble ! — Abell, mon cher Abell, lui répondis-

»je en le serrant dans mes bras, oui, vous serez
»enfin aussi heureux que je le desire et que vous
»méritez de l'être ».

Le lendemain matin j'entrai dans sa chambre
à coucher, et je le priai de rester dépositaire de
notre petite fortune qu'il était assez inutile d'emporter à la campagne avec nous. « Je ferai, me
»dit-il, tout ce qui vous sera agréable. Vous
»pouvez tirer sur moi jusqu'à la concurrence de
»cent mille francs : le reste de vos fonds me par-
»viendra sous peu de jours ». Je lui demandai si
nous partirions bientôt. « Non, me répondit-il.
»Vos ennemis sont adroits : nous les mettrons en
»défaut à force de témérité ».

Il passa chez l'ambassadeur, il y resta long-
temps, et revint déjeûner avec nous. « Vos affaires
»vont bien, Mesdames, dit-il à Juliette et à made-
»moiselle d'Hérouville. Avant quinze jours vous
»aurez de mes nouvelles ». Il ne s'expliqua pas
davantage ; mais c'était nous en dire assez.

On vint prendre nos paquets, et on les descendit. Mademoiselle d'Hérouville se mit à la
croisée ; elle vit la voiture qui allait l'éloigner de
M. de Cervières : elle lui prit la main, et la porta
à sa bouche d'un air si pénétré !.... Je ne vous ai
»demandé que quinze jours, mademoiselle, lui
»dit Abell. Si un délai aussi court vous afflige,
»continua-t-il en regardant Juliette, quelle res-

»source reste-t-il à ceux qui n'ont plus d'espoir?
»— Les consolations de l'amitié, lui répondit
»Juliette, en l'embrassant avec une cordialité
»dont je l'aurais presque remerciée ». Bientôt
deux postillons attelèrent six chevaux magnifiques à un carrosse de parade. Nos Dames se mirent dans le fond, Abell et moi sur le devant, un cocher à moustaches monta sur le siége, quatre laquais derrière, deux coureurs partirent en tête des chevaux, et nous roulâmes avec une effrayante rapidité. En approchant de la barrière, nous éprouvâmes tous trois une forte émotion. J'enfonçai mon chapeau sur mes yeux, Juliette déploya son éventail, et mademoiselle d'Hérouville pâlit. « Ne craignez rien, nous dit »Abell; j'ai pensé à tout ». Une sentinelle se présenta pour arrêter la voiture : « C'est l'ambassa-
»deur d'Angleterre, crièrent de loin les cou-
»reurs »; le factionnaire se rangea, et nous passâmes.

Le danger qui n'est plus à craindre est bientôt oublié. Nous n'avions pas fait deux lieues, que l'avenir seul nous occupait, et Abell le présentait d'une manière si séduisante et si vraie, que la raison la plus sévère n'avait rien à lui opposer. Une gaîté folâtre dissipa les idées sombres qui nous avaient si long-temps poursuivis, et mademoiselle d'Hérouville elle-même eut de ces mots piquans qu'on ne trouve jamais que quand on ne les cherche pas. « A propos, dit Juliette, quel » nom donnerons-nous à cet espiègle là ? — Cé- » lestin, reprit Abell ; ce nom va bien à sa figure. » Et vous, continua-t-il en m'adressant la parole, » comment vous appellerez-vous ? — Abell, lui » répondis-je. Si je connaissais un nom plus res- » pectable, je le prendrais. — C'est un nom assez » obscur, poursuivit-il ; mais j'aime que vous » l'ayez choisi, madame le portera. Il fut un temps » où j'ai pu croire... ». Il se tut. Un morne silence succéda à cet aimable abandon, et nous contrista tous.

Nous joignîmes la berline de M. de Cervières. Abell fit arrêter le cocher. « Séparons-nous ici, » nous dit-il. Plus nous irons, moins je pourrai » vous quitter ». J'approuvai sa proposition : l'équipage brillant dans lequel nous étions devait être remarqué dans une petite ville, et les curieux sont dangereux par-tout. Nous nous promîmes de nous écrire souvent ; nous nous séparâmes d'Abell avec les plus sincères regrets, et nous arrivâmes à Etampes, sans nous être dit un seul mot.

CHAPITRE VII.

Aventures de nuit et de jour.

Je me dispenserai de faire la description d'Etampes. Cette ville serait ignorée de tout l'univers, si elle était seulement à cent pas de la grande route. Nous y fîmes assez maigre chère, nous y fûmes assez mal couchés, et nous en partîmes cependant d'assez bonne humeur.

Je m'avisai de faire une perquisition générale dans la voiture, et je fus fâché, d'après mes découvertes, de ne m'en être pas avisé la veille. Le souper en eût été meilleur. Le prévoyant Cervières avait rempli les coffres de viandes froides et d'excellens vins. Cette attention nous fit plaisir. Nous marchions à petites journées, et nous pouvions tomber dans des auberges où nos provisions nous seraient encore plus nécessaires qu'à Etampes. En effet, dès le premier village où on arrêta pour faire rafraîchir les chevaux, nous ne trouvâmes rien, pas même du pain passable. M. Célestin décoiffa un pâté, et en fit fort bien les honneurs. Nous invitâmes notre cocher à en prendre sa part. Il se rendit à l'invitation, il vuida sa bouteille, et les chevaux en marchèrent beaucoup mieux.

Il faisait le plus beau temps du monde; nous baissâmes toutes les glaces, et notre cocher, qui était une espèce de Maître-Jacques, se mêla à la conversation, et en fit bientôt tous les frais. Il nous conta l'histoire de tous ses maîtres, et finit par nous conter la nôtre, sans savoir qu'il parlait aux héros de l'aventure. Cette histoire s'était prodigieusement augmentée avant d'arriver jusqu'à lui. J'avais traité sept à huit religieuses comme les Bulgares avaient traité Cunégonde; j'en avais enterré d'autres toutes vives, et j'avais emporté la caisse de la communauté. J'osai donner un démenti au cocher : il prit fort bien la chose; mais il m'assura qu'il savait beaucoup mieux que moi ce qui s'était passé, parce que la tourrière était la cousine-germaine du beau-frère de la tante du père de sa femme, qui lui avait conté tout cela. Je lui jurai que la fille du neveu de la belle-sœur du cousin-germain de la tourrière ne lui avait pas dit un mot de vrai. Il me donna une preuve du contraire, à laquelle je ne m'attendais pas; il tira de sa poche une complainte en soixante-quatre couplets, que le poète Fardeau avait déjà composée sur cette aventure lamentable et remarquable. Le moyen de rien opposer à une complainte du poète Fardeau? Le cocher la chanta d'un ton de vérité qui nous en imposa presque à nous-mêmes, et de couplets en couplets, nous arrivâmes à la dînée.

Nous descendîmes à une auberge passable, et nous fûmes dispensés d'avoir recours à nos provisions. M. Célestin trouva dans la chambre où nous étions, une vieille guitarre qui avait à-peu-près toutes ses cordes; il l'acheta, et la fit porter dans la voiture. Nous payâmes, et nous repartîmes.

Le cocher nous avait mis en goût de chanter. M. Célestin prit sa guitarre; il en pinçait fort bien. Juliette avait une très-jolie voix; je chantais agréablement, et nous commençâmes un petit concert. Les passans étaient émerveillés, le cocher applaudissait, et nous avions à peu-près épuisé les *duo* et les *trio* que nous fournit notre mémoire, lorsqu'un accompagnement de contrebasse interrompit tout-à-coup les concertans; c'était le tonnerre. Mademoiselle d'Hérouville en avait une peur épouvantable. Sa guitarre lui tomba des mains, et elle s'enveloppa la tête dans la robe de Juliette. Je levai les glaces, je baissai les stores, et les éclairs n'en pénétraient pas moins jusqu'au grand œil bleu de mademoiselle d'Hérouville. La pluie se mêla à tout cela. Je passai mon manteau au cocher, et je le pressai d'avancer. Il survint un coup très-violent. Mademoiselle d'Hérouville se jeta dans le fond de la voiture. Les chevaux se cabrèrent et refusèrent d'avancer; Juliette parut intimidée; cela pouvait devenir sérieux. Je fis dételer les chevaux; le cocher les attacha à un arbre, et il vint se réfugier dans la voiture.

Cet orage finit, comme tous les autres, par amener le beau-temps. Mademoiselle d'Hérouville se releva, et fut la première à rire de sa frayeur. Nous avions perdu deux grandes heures, et il eût fallu marcher de nuit pour arriver au gîte où nous nous étions proposé de coucher. Mademoiselle d'Hérouville craignait autant les voleurs que le tonnerre; Juliette avait froid; son état exigeait des ménagemens : je dis au cocher d'arrêter au premier cabaret.

« Voilà une méchante auberge, nous dit-il au » bout d'une demi-heure ; mais vous ne logerez » pas là. — Pourquoi, reprit mademoiselle d'Hé- » rouville ? une nuit est bientôt passée. Qu'il y ait seulement un lit pour ma sœur, et nous nous arrangerons comme nous pourrons ». Je descendis, et je me chargeai des fonctions de maréchal-des-logis. Je n'eus pas plutôt le pied dans la maison, que j'aurais voulu en être à vingt lieues : c'était à faire reculer. Je demandai à quelle distance nous étions du prochain village. On me répondit qu'il était à deux mortelles lieues de là : il fallut se résigner.

On me fit monter un escalier à claires-voies, qui conduisait à une chambre où il y avait un lit. Quel lit ! On me montra un cabinet qui n'était séparé de la chambre que par le corridor. J'y trouvai un second lit ; le meilleur des deux était détestable.

Le reste répondait parfaitement à ce que je venais de voir. Des vitres cassées, des chaises boiteuses, des tables vermoulues, des poulets étiques, qui couraient par-tout, et qui laissaient sur tous les meubles des traces de leur passage, une hôtelière à prendre avec des pincettes, et un hôtelier de fort mauvaise humeur : tel était le lieu de plaisance où nous devions passer la nuit.

Je demandai ce qu'on nous servirait. On me répondit qu'on nous donnerait une excellente fricassée de poulets. « Faites avec ces poulets-ci ? » repris-je, en montrant ceux qui trotaient au- » tour de nous. — Oui, monsieur, oui, me dit le » seigneur châtelain en fronçant le sourcil ; et » vous serez sûr qu'ils ne seront pas morts de la » pépie ». Je lui promis très-honnêtement de lui payer ses poulets ; mais je l'engageai à les garder. « Mettez-nous des draps blancs, si vous en avez, » lui dis-je ; et faites-nous vîte un bon feu ». Je retournai à la berline, je présentai la main à mes deux compagnes de voyage, et je les introduisis.

Elles me regardèrent, et firent une mine ! Le parti le plus sage était de s'amuser de tout cela, et c'est celui que nous prîmes. Nous nous assîmes autour du foyer. Juliette se chauffa, mademoiselle d'Hérouville pinça de la guitarre, je fis sécher mon manteau, et le cocher nous monta de la voiture certains moyens de consolation qui manquent rarement leur effet.

A peine avions-nous commencé à souper, que sept à huit poulets sautèrent dans les plats et becquetèrent le pain, le pâté, et jusqu'aux viandes froides. Je crois qu'ils n'avaient pas mangé de deux jours. Je les chassai, je fermai la porte ; ils rentrèrent par la chatière. L'un sauta sur le dos de ma chaise, un autre sur l'épaule de Juliette ; un troisième s'accrocha les pattes aux cheveux de mademoiselle d'Hérouville. Nous nous levâmes, nous courions par la chambre notre assiette à la main, et les poulets nous suivaient par-tout. Le cocher prit un vieux pot, l'emplit à moitié de mies de pain et de pâté, leur mit cela dans un coin, ils se jetèrent dessus, et nous laissèrent tranquilles.

Une scène d'un autre genre succéda à celle-ci. Notre hôtesse qui, de sa vie, n'avait tenté que son mari, était pourtant accessible à la tentation. Elle trouva M. Célestin fort à son gré, et elle lui fit des agaceries qui n'étaient pas équivoques.

M. Célestin, qui était monté sur le ton plaisant, répondait aux mines de l'hôtesse. Le mari, qui était jaloux, dieu sait de quoi, appelait sa femme à chaque minute; elle descendait, et remontait aussi-tôt : elle ne manquait jamais de prétextes. Elle se plantait vis-à-vis de Célestin, et le mangeait des yeux. Celui-ci lui renvoyait des œillades ! La petite femme n'y tenait plus. Juliette et moi nous jouissions de tout cela, sans avoir l'air de prendre garde à rien. Le mari, homme brutal et mal élevé, entra dans la chambre au moment où sa moitié donnait toute son attention à des choses fort tendres, que lui débitait M. Célestin. Il la prit par une oreille, et lui fit descendre l'escalier en deux sauts. Célestin voulut soutenir son rôle; il persiffla le mari; le mari envoya promener Célestin, et le cocher mit le mari à la porte; deux rouliers, qui venaient d'arriver, prirent parti pour le cabaretier. Je fus obligé d'intervenir dans cette affaire. Ces messieurs parlèrent très-haut; je parlai plus haut qu'eux. L'hôtesse n'osait pas remonter; mais elle criait en bas à tue-tête; le cocher jurait; on ne s'entendait plus. Juliette se déclara médiatrice entre Célestin et le cabaretier. Celui-ci, tout grossier qu'il était, se laissa persuader par une jolie bouche. Il convint qu'il n'était qu'un impertinent; mais il nous jura qu'il avait de bonnes raisons pour se défier de sa femme, et pour l'observer de très-près. Juliette engagea les parties à boire ensemble. Elle emplit les verres d'un vin vieux, qui concilia tout. Célestin, le mari, les rouliers, trinquèrent deux ou trois fois avec beaucoup de cordialité, et ils se quittèrent les meilleurs amis du monde. Mademoiselle d'Hérouville convint qu'elle avait poussé la plaisanterie trop loin, et elle se promit bien d'être plus circonspecte à l'avenir.

Nous nous amusâmes quelque temps de la bizarrerie de ce quiproquo, et on vint couvrir nos lits. L'hôtesse ne cessait de regarder Célestin du coin de l'œil, en déployant ses draps; mais Célestin était revenu des intrigues; il fut parfaitement sage. « Comment allons-nous nous arranger, » dis-je à Juliette ? — Comme tu voudras, répon- » dit-elle. — Eh bien, repris-je, nous coucherons » ici. Le lit du cabinet est étroit; nous le don- » nerons à ton frère. — Oui, poursuivit l'hôtesse? » Je vais lui mettre un matelas de plus. Il est déli- » cat, il faut qu'il soit bien ». Mademoiselle d'Hérouville ne lui répondit rien, et la laissa faire.

Nous nous disposâmes enfin à nous coucher. Mademoiselle d'Hérouville nous souhaita le bon soir, et passa dans son *appartement*. Nous commencions à nous déshabiller, quand elle vint

frapper à notre porte : je lui ouvris. « Je ne cou-
» cherai pas là, nous dit-elle ; j'ai peur, et la
» porte ne ferme point. Je passerai la nuit au-
» près du feu. — Nous ne le souffrirons pas, lui
» répondit Juliette ; vous coucherez avec moi, et
» Happy prendra le lit du cabinet. — Non, ma
» bonne amie, repliquai-je ; cet arrangement-là
» ne me plaît pas du tout ; je vous le déclare
» net. — Allons, reprit Juliette, un peu de com-
» plaisance. Ne serais-tu pas bien aise que Cer-
» vières en fît autant pour moi » ? Elles m'embras-
sèrent, l'une bien tendrement, l'autre bien ami-
calement, et je me laissai mettre à la porte.

J'étais enseveli dans un profond sommeil, quand
je sentis quelque chose de lourd qui se plaçait
directement sur moi. Je me réveillai à demi, et
je m'apperçus que ce quelque chose était sous
la couverture. Je me réveillai tout-à-fait, et
j'eus peur à mon tour. J'avançai la main : j'en
rencontrai une très-dure et très-alerte. J'avançai
davantage, et je saisis des formes qui n'avaient
rien d'engageant ; c'était une femme. « Que le
» diable t'emporte, m'écriai-je en sautant en bas
» du lit. — Mon cher petit.... mon cher petit....
» — Ton cher petit est couché avec ma femme ;
» vas te remettre auprès de ton mari. — Couché
» avec sa sœur ! Oh ! le petit scélérat ! Et vous
» leur passez cela ! Mon homme ne serait pas si

» complaisant »; et ses mains recommencèrent à jouer avec tant de vivacité, que je fus obligé de lui appliquer cinq à six claques sur le derrière, pour lui faire lâcher prise. « Marguerite, Mar- » guerite »! cria une voix de Stentor, qui fit trembler la maison jusques dans ses fondemens. Marguerite s'enfuit, je ne sais par où. Bientôt le cabaretier parut en chemise, une lanterne dans une main, et un gourdin dans l'autre. Il continuait ses clameurs, et le nom de Marguerite retentissait de la cave au grenier. Les rouliers, qui ne sont pas endurans, et qui n'aiment pas qu'on trouble leur sommeil, tombèrent à grands coups de fouet sur le cabaretier ; le cabaretier joignit sa femme au bout du corridor, et tomba sur elle à grands coups de bâton; le cocher, qui accourut au bruit, s'embarrassa dans les jambes de Marguerite, et ils roulèrent tous les deux jusqu'au bas de l'escalier.

J'entrai dans la chambre de Juliette. Je les trouvai l'une et l'autre interdites du carrillon infernal qu'elles avaient entendu : elles ne savaient à quoi l'attribuer. Je leur contai ce qui venait de m'arriver, et nous rîmes aux larmes de la mésaventure de la cabaretière. Je me rhabillai, je ranimai le feu, je rallumai la chandelle, je m'enveloppai dans mon manteau, et je me couchai par terre. « Vous » allez passer le reste de la nuit là », me dit made-

» moiselle d'Hérouville ? — Croyez-vous, lui ré-
» pondis-je, que je veuille m'exposer à une seconde
» irruption de votre Dulcinée ? Je ne retournerais
» pas dans le cabinet pour tout l'or du Pérou ».
Nous recommençâmes à rire de plus belle, et
nous nous endormîmes en riant.

Il était écrit que la nuit finirait comme elle
avait commencé. Je fus réveillé une seconde fois
par une voix tremblante. On m'appelait. « Qu'est-
» ce que c'est, répondis-je en me frottant les
» yeux ? — Il y a des revenans ici. — Et où sont-
» ils ces revenans ? — Venez ici, regardez donc ».
C'était mademoiselle d'Hérouville qui me montrait de la main quelque chose qui était dans le
fond de la chambre. Je regardai : « Eh ! c'est un
» pot, lui dis-je. — Oui, mais ce pot marche.
» — Comment il marche ! — Eh ! sans doute il
» marche ». Et elle se serrait contre Juliette,
qui dormait profondément. Je regardai plus attentivement : le pot marchait en effet. « Que
» pensez-vous de cela, me dit-elle ? — C'est fort
» extraordinaire. — Ah ! mon dieu, que j'ai peur !
» — Et de quoi ? Après tout, ce n'est qu'un pot.
» — Un pot ! Avez-vous jamais vu un pot marcher ?
» — J'avoue que cela n'arrive pas communément ».
Pendant que nous discourions, le pot avançait
sensiblement. La chandelle était au pied du lit ;
il allait la renverser. L'impatience me prit. « Fut-

» ce le diable, dis-je, je saurai ce que c'est ».
Je donnai un violent coup de pied au pot. Un
poulet qui était dessous s'envola sur le lit, et réveilla Juliette. Je recommençai à rire. Mademoiselle d'Hérouville suivit mon exemple, et Juliette en fit autant, quand elle sut de quoi il
était question.

Nous nous creusâmes la tête pour deviner comment le poulet avait pu se glisser sous le pot.
Juliette pénétra le mystère. Ce pot était le même
dans lequel le cocher avait donné à manger à la
volaille. Les poulets, en sautant sur les bords
du pot, l'avaient renversé, et un d'eux s'était
trouvé pris. Il avait vu la lumière à travers les
crevasses, et il avait cherché à se débarrasser.

« Je prends mon parti, dis-je à ces dames, je
» ne dors plus. — Ni moi. — Ni moi, répondirent-
» elles ». Elles se levèrent, et nous passâmes le
reste de la nuit à lire, à nous chauffer, et à faire
réveillon.

Au point du jour j'appelai le cocher. Je lui
dis de mettre les chevaux; je le chargeai de payer
la dépense, pour être dispensé de toute espèce
d'explication avec le cabaretier ou sa femme;
nous montâmes en voiture, et nous partîmes.
Les événemens de la nuit firent le sujet de la
conversation pendant toute la route, et nous
arrivâmes à Orléans en riant encore du pot

ambulant, et de la conquête de M. Célestin.

Juliette se sentit fatiguée, et je proposai à mademoiselle d'Hérouville de passer la journée à Orléans. Elle nous était trop tendrement attachée pour nous rien refuser.

Cette ville mérite l'attention du voyageur. Elle est arrosée par la Loire. La largeur de son lit, le commerce qu'elle alimente, les bateaux de toute espèce dont elle est continuellement chargée, le mouvement et la vie qui se communiquent de ses bords rians aux quartiers les plus éloignés, nous offrirent un tableau aussi varié qu'intéressant. Il me fit naître une idée que je communiquai à Juliette et à mademoiselle d'Hérouville. C'était d'arrêter un de ces bateaux couverts qu'on appelle dans le pays des *cabanes*, de l'arranger commodément et de descendre la Loire jusqu'à Saumur. « Vous serez plus à votre aise, leur » dis-je, nous irons plus vîte, et nous voyagerons » d'une manière bien plus agréable ». Ma proposition fut acceptée, et nous nous occupâmes à l'instant même de son exécution. Nous choisîmes la cabane la plus jolie et la plus grande, et nous convînmes de prix. Je ramenai mes compagnes à l'auberge, et je procédai à l'équipement de ma *frégate*. J'y fis porter des provisions de bouche, des lignes pour pêcher, si la fantaisie nous en venait, et un fusil à deux coups pour tirer des oiseaux aquatiques, s'il s'en présentait ; enfin j'achetai des matelas et des couvertures. Juliette riait de l'immensité de mes préparatifs ; mademoiselle d'Hérouville me demandait si nous nous embarquions pour un voyage de long cours. « Je ne veux pas, leur » dis-je, que nous soyons exposés davantage aux » incursions des poulets, aux entreprises des ca- » baretières, ni à la crainte des revenans. Lais- » sons courrir ces grandes aventures aux succes- » seurs de Don-Quichotte, et tâchons de nous » procurer les commodités de la vie ». L'après-midi je fis laver l'intérieur de la cabane, j'y fis coller un petit papier fort gai, et je donnai à notre bâtiment la tournure et la propreté d'une barque hollandaise. Je terminais mes dispositions, lorsque des crocheteurs parurent avec un piano et une ample collection de musique. Je reconnus là Juliette. « Bravo, m'écriai-je, nous réunirons » tous les plaisirs, la chasse, la pêche, la musi- » que, la bonne chère, l'amitié et l'amour. La » jolie manière de voyager! Oh! la bonne idée » qui m'est venue là »! Notre *pilote*, qui était un grand garçon d'une vingtaine d'années, coucha *à bord* pour veiller à la conservation de nos propriétés ; le lendemain matin je donnai à notre cocher les renseignemens qui devaient le conduire droit à notre destination ; je lui dis de ménager ses chevaux, d'arriver quand il pourrait, et nous nous embarquâmes.

Nous avions un temps à souhaits. On ne voyait pas un nuage; l'azur du ciel se réfléchissait sur une nappe d'eau limpide et la teignait d'un verd léger ; un vent doux enflait notre petite voile sans nous incommoder. Nous *démarrâmes*, enchantés du parti que nous avions pris, et regardant avec complaisance les moyens de jouissance que nous nous étions procurés.

Il y avait au moins un an que nous n'avions touché de piano, et la musique obtint la préférence sur les autres amusemens; mademoiselle d'Hérouville prit sa guitarre, et improvisa sa partie; une pile d'ariettes et de concertos nous suffirent à peine, tant nous étions affamés d'harmonie. Juliette me présenta une sonate.... « La » reconnais-tu, mon ami ?.... ». Je l'embrassai avec un transport !.... C'était cette précieuse sonate à quatre mains à qui j'avais dû le premier baiser de l'amour. Nous l'exécutâmes avec un plaisir indicible. Nous y mîmes l'expression et la chaleur que des souvenirs délicieux avaient fait passer dans nos ames. Le pilote oubliait sa rame, mademoiselle d'Hérouville laissait échapper sa guitarre, ils retenaient leur haleine, ils craignaient de perdre un son. A la fin du morceau, mademoiselle d'Hérouville passa à *l'arrière du bâtiment*, et rentra avec une humeur terrible, mais qui n'était que trop fondée. « Que sont de- » venus, dit-elle, les siècles heureux des Amphion » et des Orphée? Je ne vois autour de nous ni » dauphins, ni tritons, ni nymphes, ni Amphi- » trite, pas même une pauvre petite naïade. » — Moi, je vois le pont de Beaugenci, nous dit » le batelier »; et nous sortîmes de la cabane.

Beaugenci n'est pas une ville considérable, mais son aspect est extrêmement pittoresque. Elle s'élève en amphithéâtre sur les deux rives de la Loire. Ses environs sont délicieux. Des maisons de campagne éparses çà et là, des vignobles, des terres labourables, des prairies, des rochers couronnés par des bouquets d'arbres, des sources abondantes, qui s'échappent des cavités pour tomber en cascades, et qui viennent en bouillonnant grossir le lit de la rivière, tout semblait s'être réuni pour nous offrir un coup-d'œil enchanteur. Ces dames en furent si fortement, si agréablement frappées, qu'elles s'apperçurent à peine que le courant nous emportait avec violence; elles passèrent le pont avec l'intrépidité des Amazones.

Le vent continuait à nous favoriser, et nous courions *cinq à six nœuds* par heure. Nous arrivâmes à un banc de sable, où notre pilote nous dit avoir quelquefois pris du poisson. Je fis *car-*

guer la voile, on jeta *l'ancre*, et nous tendîmes nos lignes. « En attendant, nous dit mademoi-
» selle d'Hérouville, qu'il plaise à quelque *dorade*,
» ou à quelque *cachalot*, de mordre à l'ameçon,
» je suis d'avis de déjeûner ». Juliette appuya la proposition ; le pilote ne disait rien ; mais je vis qu'il n'en pensait pas moins. J'étendis une serviette en dehors de la cabane, je la chargeai de différens mets, chacun prit ce qui lui plut, et on déjeûna un œil à sa ligne, et l'autre à sa fourchette. Mademoiselle d'Hérouville, qui n'avait pas une grande habitude de la pêche, ne prenait pas garde que la plume de sa ligne était sous l'eau, et que la verge recevait des secousses assez fortes. « Tirez donc, monsieur, lui dit le bate-
» lier ». Il était trop tard ; la verge était à l'eau. Célestin se désespère, et saute après ; je tremblai pour Célestin, et je sautai après lui ; Juliette allait sauter après moi : le batelier la retint. « Ne
» craignez rien, lui dit-il, madame ; il n'y a pas
» deux pieds d'eau ». Je rattrapai la verge, je tirai à moi ; un *monstre marin* tirait de son côté, et tirait bien ; Célestin, qu'échauffait l'amour de la gloire, oublia la fraîcheur de l'eau : il voulut partager avec moi l'honneur de la conquête ; nous tirâmes ensemble, et, après la plus belle défense, une superbe alose fut conduite à bord.

Nous éprouvâmes un petit embarras. Il fallait changer M. Célestin, et il n'avait qu'un habit d'homme. Je lui en offris un des miens. « Vous » êtes plus grand que moi de toute la tête, me » dit-il; voyez donc la jolie tournure que j'aurai » là-dedans » : l'amour-propre ne perd jamais ses droits. « Venez, lui dit Juliette, je vous habille- » rai en fille, et vos habits sécheront ». Elles passèrent dans la cabane, et, lorsqu'elles en ressortirent, le batelier jura que M. Célestin ressemblait si fort à une demoiselle, que le plus fin pourrait s'y méprendre.

C'est un grand plaisir que de prendre une alose! mais pour qu'il soit complet, il faut l'apprêter soi-même. Il n'est pas de Française qui ne se mêle un peu de cuisine. Juliette, tout-à-fait francisée, se joignit à mademoiselle d'Hérouville; elles saisirent le poisson d'une main hardie. Sans égards pour leurs jolis doigts, pour leurs bras arrondis, il leur alongea force coups de queue, et leur échappa lorsqu'elles s'y attendaient le moins. Elles jetèrent deux ou trois cris, selon l'usage, plongèrent leurs bras dans la rivière, les frottèrent, les replongèrent; toute l'eau de la Loire suffit à peine à cette ablution. Je leur baisai les mains à toutes deux, pour les convaincre qu'il ne restait pas la moindre odeur, et je pris le poisson à mon tour. Bientôt il ne fut plus question que de savoir à quelle sauce on le mettrait, et ce fut le sujet d'une longue et profonde dissertation. Ces dames citèrent tous les auteurs qui ont écrit sur cette importante matière, depuis Lucullus jusqu'à la Cuisinière Bourgeoise ; elles firent une récapitulation générale de toutes les sauces possibles ; la *ravigotte*, l'*italienne*, la *marinade*, la *galantine*, la *matelote*, la *béchamel*, &c. &c. Parfaitement ignorant en cuisine, j'étais d'avis de faire comme on voudrait : je desirais seulement qu'on voulût bien vouloir quelque chose. « Eh ! » parbleu, dit le batelier, faut-il tant de façons ? » Mettez là-dessus une bouteille de bon vin, et un » morceau de beurre frais, et vous m'en direz » des nouvelles ». On s'en tint là, et on fit bien ; on n'eût jamais fini. La discussion eut cependant son utilité. Nous avions passé le pont de Blois sans nous en appercevoir.

Nous découvrîmes une petite île, située par je ne sais quel *degré de latitude*. Elle était couverte de peupliers et de tilleuls, et l'herbe verdoyante était courte et fine. « C'est-là, dit Juliette, » qu'il faut manger l'alose. — Tope, répondis-» je » ; et nous *virâmes de bord*. Nous ne trouvâmes *ni port*, *ni baie*, et nous échouâmes sur le sable. Nous descendîmes, et le *pilote* remit sa *frégate à flot* d'un coup de genou. Il traversa, en un clin-d'œil, le *détroit* qui nous séparait d'un assez joli village, et il revint avec les ustensiles indispensables pour la confection d'un court-bouillon. Pendant que je creusais un foyer avec mon couteau, ces dames ramassèrent des branches sèches ; la flamme pétilla, le poisson cuit, et nous commençâmes un des plus agréables repas que j'aie fait de ma vie. Les saillies, la chansonnette, quelques baisers volés à Juliette et repris aussi-tôt, la gaîté franche de mademoiselle d'Hérouville, les historiettes du batelier, tout contribua à le rendre charmant.

L'homme est vraiment heureux, quand il veut se rapprocher de la nature.

Après le dîner on courut, on joua, on se roula sur l'herbe. Le chant des oiseaux nous jeta enfin dans une douce rêverie, qui nous rappela ce vers si heureux de Saint-Lambert :

Souvent j'écoute encor, quand le chant a cessé.

Mademoiselle d'Hérouville, qui avait le nez en l'air, cria qu'elle avait découvert un nid de *colibris*, et le batelier lui protesta que c'étaient des chardonnerets. On pense bien que le nid fut convoité : il fallut l'avoir à quelque prix que ce fût. Je m'accrochai à l'arbre, j'y grimpai, et je fis hommage à ces dames de cinq petits captifs fort jolis. Ce fut à qui les caresserait ; on courut à la cabane, on arracha la ouate d'une pelisse pour les loger plus chaudement; on broya de la mie de pain dans un verre, on fit une brochette, on leur donna à manger, et pendant que tout cela se faisait, nous arrivions à Amboise.

Il nous restait encore quelques heures de soleil, et nous résolûmes de descendre jusqu'à Tours. Je pris la rame, et je me chargeai de la *manœuvre*. Le *pilote*, excédé, s'endormit aux pieds de M. Célestin, qui lui plaisait beaucoup, quoique ce ne fût qu'un garçon

Je voguai très-heureusement pendant une heure ou deux. J'évitai très-adroitement *les bas-fonds, les courans et les récifs*. Mais enfin je tombai dans un *archipel*, composé de quatre ou cinq îles, grandes au moins comme le bassin du Palais-royal, et je ne pus jamais m'en tirer. On rit, et je me piquai; on se moqua de moi ouvertement, et j'enrageai. Juliette me chanta ce joli morceau des mille et un charmans ouvrages de Grétry :

> Le pilote interdit,
> Dans sa boussole
> Cherche le pôle,
> Et n'y voit goutte en plein midi.

On ne se tire pas d'un *péril éminent* avec des chansons, pas même avec des cantiques, car j'entonnai celui de *Notre-Dame du bout du*

Pont, et je n'en menai pas mieux ma barque. J'échouais sur une île, je me remettais *à flot*, et je m'engravais sur une autre. Mademoiselle d'Hérouville étendit les bras, grossit sa voix, et dit, avec l'emphase d'une Sibylle, sans écumer pourtant :

« Chacun son métier, et les vaches sont bien gardées ».

Cet oracle était clair ; aussi le compris-je à merveille. J'éveillai le batelier, et je lui remis son *aviron*.

Nous entrâmes *vent arrière* dans le *port* de Tours, et nous trouvâmes dans la grande rue une auberge où on paie très-cher, mais où on est très-bien. Nous mîmes tous les gens de la maison en l'air, et nous nous dédommageâmes amplement des privations de la nuit précédente. On nous servit un joli souper, c'était déjà quelque chose ; on nous donna d'excellens lits, c'était mieux encore. Je partageai celui de Juliette, c'était tout.

Au point du jour nous nous rembarquâmes frais, gaillards et dispos. La matinée était fraîche, et nous nous enfermâmes dans la cabane. L'amour fait son profit de tout : je pris Juliette sur mes genoux, et je m'enveloppai avec elle dans mon manteau. Cette position offre mille avantages que nous n'avions pas encore éprouvés : c'est une belle chose que l'expérience ! Célestin se mit à rire ; il prit mon fusil, et passa à *l'avant*, disposé à s'amuser aux dépens de qui il appartiendrait. « Vous n'êtes pas raisonnable, me » dit Juliette, dès que Célestin fut sorti. Vous » oubliez que la décence fait tout le charme de » l'amour ; vous cesserez de m'aimer, quand vous » cesserez d'être délicat ». Je méritais la mercuriale, je demandai pardon, je l'obtins, et Juliette le scella.... Nous étions seuls.

Célestin nous cria qu'il voyait un troupeau de *gazelles*, et, pan, il lâcha ses deux coups à-la-fois, en détournant la tête, et en fermant les yeux. « Que » faites-vous donc, M. Célestin, lui dit le batelier? ce » sont des chèvres. — Ce sont des *gazelles*. — Ce » sont des chèvres, vous dis-je ». Je fus pris pour arbitre, et je donnai gain de cause au batelier, malgré le sentiment de prédilection qui me faisait pencher en faveur de Célestin. Fort heureusement il n'avait rien tué. Je rechargeai le fusil, et je lui recommandai de ne pas prendre un bœuf pour un *buffle*, ni un âne pour un *zèbre*. A peine étais-je rentré dans la cabane, que Célestin me *héla* : « Lâcherai-je ma *bordée*, ou attendrai-je *l'abor-* » *dage* »? Je lui demandai quel ennemi le menaçait. « C'est un *flibustier*, me répondit-il, qui *fait* » *force voiles* sur nous. — C'est la patache, re-» prit le batelier. Gardez-vous bien de tirer sur

» les commis de la ferme ; ils dresseraient un pro-
» cès-verbal de rebellion ». Célestin était très-
capable de tuer un chevreau qui se met à la bro-
che ; il n'avait pas envie de tuer un commis, qui
n'est bon à rien ; aussi la patache nous *amarina*,
sans éprouver de résistance. Ces messieurs, qui
exercent une police très-active sur la rivière,
voulaient savoir quels étaient les téméraires qui
déclaraient la guerre au bétail. Je leur protestai
que nous étions des êtres très-pacifiques, qu'on
avait simplement déchargé un fusil en l'air, et
j'en donnai une preuve sans replique : c'est qu'on
n'avait rien tué à quinze pas de distance. Ces
messieurs profitèrent de l'occasion pour s'informer si nous n'avions rien contre les ordonnances
du roi ; je leur répondis que j'avais le malheur
de ne pas connaître les ordonnances. Là-dessus
ils firent une visite fort exacte, et mirent la main
sur quelques bouteilles du meilleur vin de Beaune.
Ils me demandèrent mon *permis*. Je leur répondis que je n'avais besoin de l'agrément de personne pour boire quand j'avais soif. Ils m'appri-
rent qu'il était défendu d'avoir soif à ceux qui
ne portaient pas en poche la signature d'un directeur des aides, et le vin de Beaune passa
de notre *bord* à *bord* de la patache. J'avais
quelqu'envie de rosser les alguazils du directeur des aides ; mais ma Minerve était-là : Ju-

liette m'arrêta avec ce vers de Régnard :

Que ferez-vous, monsieur, du nez d'un marguillier ?

La citation me fit rire, et quand je ris, je ne peux pas me fâcher : la patache s'éloigna aussi tranquillement qu'elle nous avait abordés. « Eh » bien ! s'écria Célestin, quand je vous ai dit que » c'étaient des *flibustiers*, avais-je tort ? Encore, » continuai-je, s'ils avaient remis leur visite après » le déjeûner ! Nous avons à manger, mais on ne » mange pas sans boire ». On décida qu'il serait sursis au déjeûner, jusqu'à ce que j'eusse remplacé le vin qu'on venait de nous escroquer au nom du roi, et le *pilote* reçut l'ordre de *relâcher* à Langeais, petite ville entre Tours et Saumur.

Le vin de Langeais n'est pas merveilleux. Nous en bûmes peu ; mais nous parlâmes beaucoup. Nous touchions au terme de notre voyage, et il était temps de nous occuper un peu du château que nous allions habiter, de sa situation, des ressources que nous pourrions nous y procurer. Nous n'avions pas pris sur tout cela des renseignemens bien étendus : Cervières et mademoiselle d'Hérouville avaient eu tant d'autres choses à se dire ! Nous donnâmes carrière à notre imagination, chacun de nous fit son roman, et rien de ce que nous avions prévu n'arriva, comme c'est assez l'ordinaire. Au reste, les châteaux en Espagne ont cela de bon, qu'ils amusent, sans faire de mal à personne.

Nous arrivâmes enfin à Saumur. Je fis emballer le piano, nous dînâmes, et nous montâmes dans une berline, qui nous conduisit aux *Roziers*: c'est le nom du village après lequel nous courions depuis cinq jours.

Ainsi finit ce voyage, qui n'aura jamais la célébrité de ceux de Coock; mais que j'ai cru devoir publier pour l'utilité de ceux qui voyageront de Paris à Saumur.

CHAPITRE VIII.

Double mariage. Egaremens du cœur et de l'esprit.

LE concierge nous reçut comme des personnes pour qui on lui avait recommandé les plus grands égards. Il accourut avec sa femme et ses deux filles, pour nous ouvrir la grille et nous présenter la main. Ces marques de déférence nous flattèrent beaucoup moins que deux paquets qu'il nous remit. C'étaient des lettres de nos bons amis de Paris. L'une était d'Abell, et l'autre de Cervières. Nous ne prîmes pas le temps d'entrer dans le château; les cachets furent brisés dans la cour. Mademoiselle d'Hérouville lut de son côté et nous du nôtre. Dès la première ligne, je sautai de joie; la lettre de cachet était révoquée. « Oh! poursuis, poursuis, me dit Juliette, les yeux mouillés des larmes du plaisir. Abell avait cité à l'Officialité le curé de Saint-Etienne-du-Mont. On avait entendu comme témoins la mère Jacquot et le commis des diligences, qui m'avait si charitablement averti. Après une heure de débats, le curé avait été convaincu d'être un homme sans mœurs, sans principes et sans probité. Abell s'éleva avec tant de force contre lui; il avait donné tant de publicité à cette affaire, que l'archevêque ne put se dispenser d'envoyer le curé à Saint-Lazare. C'était beaucoup pour notre digne ami de nous avoir vengés de notre oppresseur ; mais cela ne pouvait suffire à son zèle, ni à son attachement : il ne savait pas faire les choses à demi. Il avait porté au lieutenant de police le jugement de l'Officialité, et il s'était déclaré mon défenseur. Il nia que je fusse entré dans le couvent. Il soutint que cette inculpation était évidemment l'effet de la haine du curé, et qu'il était absurde de me poursuivre sur le seul témoignage d'un homme dont les intentions perverses n'étaient que trop connues. Sa défense était appuyée par une lettre pressante de l'ambassadeur d'Angleterre. Enfin le lieutenant de police avait été persuadé, ou il avait feint de l'être, et mon affaire était assoupie. Ma belle, ma bonne, ma sensible Juliette me jeta ses deux bras au cou en me disant : « C'est à présent que » nous sommes inséparables ; c'est à présent que » le sceau des loix confirmera les sermens de » l'amour ».

Mademoiselle d'Hérouville continuait de lire, et je ne voyais sur son visage aucunes marques de satisfaction. « La lettre n'est-elle pas de Cer-

»vières? lui dis-je. — Oui, me répondit-elle. —
»Et vous ne riez pas! — Mon frère est mort. —
»Jamais homme n'est mort plus à propos, pas
»même dans un roman». Nous nous approchâmes
d'elle, et elle nous donna sa lettre. Son frère
s'était fait nommer maréchal de camp, et quelques colonels de dragons, plus anciens que lui,
avaient trouvé mauvais qu'on leur fît un passe-droit en sa faveur. Un d'eux, plus brutal que les
autres, lui avait passé son épée au travers du
corps, et l'avaient envoyé joindre les preux chevaliers de sa race. Cervières ne doutait pas que
cet événement ne changeât les dispositions de
M. d'Hérouville; il allait se rapprocher de lui,
et tâcher de se concilier ses bonnes graces par
toutes sortes de prévenances et d'honnêtetés.
« Voilà qui va bien, dis-je à mademoiselle d'Hé-
»rouville; vous serez infailliblement madame de
»Cervières. — Croyez-vous, mon ami? — Autant
»votre père a marqué d'éloignement pour vous
»établir, autant il y va mettre d'empressement,
»et il me semble que le père de votre fils mérite
»la préférence». Elle avait l'air de douter encore,
pour avoir le plaisir d'être rassurée. Nous la rassurâmes, et nous fîmes notre entrée dans le
château.

Il est situé à mi-côte, entre Saumur et Angers.
La Loire baigne le pied de la colline, et un bois

touffu en couvre le sommet. Le bâtiment est gothique, et cependant agréable à la vue. « L'œil
» se repose avec plaisir sur les anciens édifices,
» dit Juliette. L'imagination aime à se reporter
» aux siècles reculés. Je rêverai tendrement en
» regardant ces tourelles ; elles me rappelleront
» la chevalerie, et la chevalerie rappelle les
» amours. — Vous avez votre *chevalier*, lui dit
» mademoiselle d'Hérouville, et le mien est à
» Paris. — Il viendra, lui dis-je. Si *Tancrède* a sa
» *Clorinde*, *Angélique* aura son *Médor*. Vien-
» nent après cela les *Argant*, les *Roland*, les
» *Géans*, et tous les êtres *malfaisans* qui riment
» en *an*; nous les pourfendrons à *l'instant*.

Le concierge nous fit voir les appartemens. Il avait tout ouvert, tout nettoyé ; rien n'avait dépéri, quoique le château n'eût pas été habité depuis long-temps. Nous louâmes beaucoup son exactitude, et nous organisâmes notre maison. Le concierge fut établi valet-de-chambre, pourvoyeur et maître-d'hôtel ; sa femme cuisinière, et ses filles, femmes-de-chambre le matin, et demoiselles de compagnie l'après-midi. Tout le monde entra aussi-tôt en fonction avec cette bonne volonté qui double le prix d'un service.

Nous nous retirâmes dans un joli cabinet qui donne sur la rivière, et d'où l'œil s'égarait sur des côteaux rians qui s'étendent à perte de vue de l'autre côté de la Loire. Là, nous commençâmes notre courier. Juliette écrivit à Abell; mademoiselle d'Hérouville, on se doute bien à qui; et moi, j'écrivis à Calais. Il y avait à peu près dix ans que je n'y avais pas pensé du tout. Une réflexion toute simple venait de m'y ramener. Il fallait, pour m'unir à Juliette par des nœuds indissolubles, présenter au moins un acte de baptême. J'écrivis donc à mademoiselle Suson, et je lui contai en gros ce qui m'était arrivé depuis notre séparation. Je me rappelais, en écrivant, les tendres soins dont elle m'avait comblé pendant mon enfance, et ma lettre prit insensiblement une tournure aussi tendre que si j'eusse prévu la réponse. Je la montrai à Juliette. Jamais je ne lui avais parlé de ma naissance; jamais elle ne m'avait interrogé là-dessus; elle savait que j'avais reçu un cœur de la nature, le reste lui était indifférent. Elle me fixa. « Je suis contente de toi, » me dit-elle. Un sot aurait rougi. J'aime que tu ne » sois pas plus humilié de ta naissance, que je ne » suis fière d'être la fille d'un Lord ».

Le lendemain notre équipage arriva. Nous n'avions plus de raisons pour nous cacher, et dès que les chevaux furent reposés, nous partîmes pour Angers. Il fallait, avant de faire connaissance avec nos voisins, que mademoiselle d'Hérouville fût mise décemment. Elle se fit en deux jours une très-jolie garde-robe. Cervières lui avait donné deux cents louis; elle en laissa la moitié à Angers.

Nous demandâmes au concierge un état des personnes à voir. Il y en avait peu, et d'après les portraits qu'on nous en fit, le nombre se réduisait presqu'à rien. Mais nous nous suffisions à nous-mêmes, et nous résolûmes de nous en tenir à une simple visite de politesse envers ceux qui ne nous conviendraient pas.

L'un était un gentilhomme en habit brodé, en épée, en chapeau gris et en sabots. Il ne connaissait que ses titres, ses vignobles et sa basse-cour : ce n'était pas l'homme qu'il nous fallait.

Un autre était un riche marchand qui singeait la noblesse, et qui n'en avait que les ridicules. Il aimait singulièrement à dire : Mon château, mes chevaux, mes chiens, mes laquais. Il n'osait pas dire encore mes vassaux; mais il se disposait à acheter une charge de secrétaire du roi. Du reste, l'avidité du gain avait glacé son ame, et de sa vie il n'avait su que son Barrême. Nous nous promîmes bien de ne plus revoir monsieur le secrétaire du roi.

Nous trouvâmes, un peu plus loin, une comtesse qui avait, à quarante ans, la manie de passer pour une adolescente, qui parlait très-bien procès, qui ne trempait jamais son vin, et qui se consolait de son veuvage avec son chapelain. Nous dîmes adieu à madame la comtesse.

Nous entrâmes ensuite dans une petite maison où tout était attachant. Nous fûmes reçus avec cordialité par un jeune homme de vingt-cinq ans, d'une figure intéressante. M. Lysi nous présenta à sa femme, très-jeune et très-jolie personne, qui donnait à tetter à un enfant aussi beau que sa mère, pendant qu'un petit aîné, qui se soutenait à peine, jouait avec une de ses mains, et la caressait. La conversation de ces aimables campagnards nous intéressa : ils s'aimaient comme nous nous aimions ; nos cœurs trouvèrent auprès d'eux l'aliment qui leur convenait. Personne ne chercha à avoir de l'esprit, et tout le monde en eut. Ils nous engagèrent tout bonnement à dîner avec eux, et nous acceptâmes de même.

Ils avaient pour voisin le grand-vicaire d'Angers, que nous étions décidés à ne pas voir. Le bien qu'ils nous en dirent nous détermina à lui faire une visite. Il nous accueillit avec cette noble aisance qui annonce un homme bien né et une éducation soignée. Il était jeune encore, aimable, enjoué, galant auprès du sexe, sans avoir l'air d'un homme à passions : il avait trouvé un moyen tout simple pour modérer les siennes. Les canons lui prescrivaient d'avoir une gouvernante de quarante ans : il l'avait prise en deux volumes. A cette faiblesse près, c'était un prêtre fort estimable. Il observait strictement les bienséances de son état, il était doux, tolérant, faisait du bien sans ostentation, et était aimé de tout le monde. Il était un peu musicien, et quand il sut que nous cultivions la musique avec quelque succès, il nous demanda la permission de se mêler à nos petits concerts : elle lui fut accordée d'aussi bonne grâce qu'il l'avait sollicitée.

Quelques jours après mademoiselle d'Hérouville proposa de réunir chez nous la jolie nourrice, son mari et le grand-vicaire. Le concierge reçut nos ordres en qualité de pourvoyeur, et il les exécuta en maître-d'hôtel habile. Il nous servit un dîner somptueux, qui n'eut pourtant pas l'air de la cérémonie. Nous avions tous à-peu-près les mêmes goûts, la même tournure d'esprit, et, cette fois, le faste n'exclut pas le plaisir. Le grand-vicaire fut charmant : il gagnait à être connu. Il avait des connaissances très-étendues, qu'il laissait pénétrer, et qu'il ne cherchait pas à faire paraître : c'est la bonne manière d'être savant. Lysi faisait l'amour à sa jolie petite mère qui s'y prêtait avec la naïveté et les graces de la nature : je me souvins de la mercuriale que Juliette m'avait faite dans le bateau, et je fus aussi sage que je pouvais l'être.

Après le dîner on fit de la musique et on dansa

quelques allemandes, que le grand-vicaire voulut bien nous jouer. Nous étions très-gais, très-échauffés et très-disposés à continuer, lorsqu'un carrosse et quelques domestiques à cheval arrêtèrent à la grille. Mademoiselle d'Hérouville reconnut sa livrée et jeta un cri affreux. Nos convives, qui ne se doutaient de rien, restèrent stupéfaits; Juliette courut à mademoiselle d'Hérouville, et moi à la croisée. Cervières est avec eux, m'écriai-je, et mademoiselle d'Hérouville se remit. Un officier général descendit de voiture. C'est mon père, dit mademoiselle d'Hérouville, tremblante comme la feuille. La nourrice et l'enfant descendirent ensuite, et j'allai au-devant d'eux. M. d'Hérouville avait un extérieur imposant, un air sévère qui justifiaient les craintes de sa fille. Elle se jeta à ses pieds; il la releva et l'embrassa. « Nous avons » eu tous des torts, lui dit-il, mais qui n'en a pas » quelquefois en sa vie? oubliez les miens, je ne » me souviens plus des vôtres : voilà le gage qui » nous réconcilie, et il lui mit son enfant dans ses » bras; voilà votre époux, et il la mit dans les bras » de Cervières ».

La scène changea totalement, et on passa de la terreur à la joie. M. d'Hérouville, sa fille et Cervières se retirèrent dans une chambre voisine pour y parler librement de leurs affaires, et je ne pus éviter, de la part de nos convives, certaines questions très-naturelles après ce qui venait de se passer. Je crus que le parti le plus simple était de prévenir les interprétations et les fausses conjectures. Je racontai l'histoire des amours de mademoiselle d'Hérouville et de M. de Cervières. On commença par s'attendrir, et on finit par applaudir au dénouement. Juliette devint pensive. Elle partageait sincèrement la satisfaction de son amie ; mais le sort de mademoiselle d'Hérouville allait être fixé, le sien ne l'était pas : sa couche était prochaine, et le mystère allait se dévoiler aux fonts de baptême. Pour la première fois, elle se sentit humiliée. Je tirai le grand-vicaire à l'écart, et je l'instruisis de notre situation. « Vous » avez bien fait, me dit-il, de me donner votre » confiance, et de ne pas vous adresser au curé » des Rosiers : le bas-clergé est minutieux. On » vous eût demandé un extrait de baptême, un » certificat de catholicité pour Madame, on vous » eût soumis à mille formalités désagréables, on » vous eût fait éprouver des longueurs assom- » mantes, et je vous dispenserai de tout cela ». Cervières rentra, et m'appela. « J'ai pensé à tout, » me dit-il. J'ai fait publier un ban à Paris pour » vous comme pour moi ; j'ai pris dispense des » autres, et nous en ferons autant ici. Nous avons » souffert ensemble ; nous serons heureux le même » jour ». Le grand-vicaire prit les pièces, se chargea d'écrire à Angers, de voir le curé des Rosiers, et demanda, pour récompense de ses démarches, le plaisir de nous marier tous les quatre. Cervières se chargea, lui, de la rédaction des contrats civils, et Juliette et moi, nous n'eûmes d'autre peine que d'attendre le moment de répéter à l'autel un serment que nous nous étions fait mille fois.

M. d'Hérouville tenait à la haute noblesse : il en avait les vertus et les travers. Il était au désespoir d'avoir perdu son fils, et il ne pouvait vaincre la nature qui le ramenait à sa fille; il gémissait de voir son nom éteint, et il caressait le petit Cervières; il méprisait la roture, et il m'accorda son estime; il louait la simplicité des Duguesclin et des Bayard, et il faisait pour la noce de sa fille des préparatifs dignes d'un prince du sang.

Ce grand jour parut enfin. On avait convoqué la noblesse des environs, les corps civils et militaires de Saumur et d'Angers; on avait rassemblé les ménétriers, les garde-chasses et les habitans du canton. M. d'Hérouville, en grand uniforme, donna la main à sa fille, et prit la tête du cortège; Cervières conduisit Juliette, je donnai le bras à madame Lysi, et on se rendit à l'église au bruit des cloches, des violons, des hautbois et des boëtes. Le grand-vicaire nous attendait : homme aimable dans le monde, il avait à l'autel la dignité de son ministère. Quelques regards malins se tournèrent sur Juliette : elle dédaigna de s'en appercevoir. Elle conserva, pendant l'auguste cérémonie, le calme de l'innocence, et la sérénité qui sied à la vertu.

On revint dans le même ordre, et on s'ennuya magnifiquement à table, comme cela arrive toujours dans une société nombreuse, composée de gens qui ne se sont jamais vus, et qui ne doivent plus se revoir. On chercha des plaisanteries ; c'est le moyen de n'en pas trouver. On fit des contes aux mariés ; ce furent des contes à dormir debout. Quelques-uns me piquèrent ; ils portaient sur Juliette. Elle n'en témoigna d'autre ressentiment que de se mêler plus directement à la conversation. Elle en changea la tournure, elle en régla le ton, et elle l'anima à l'instant. Que n'eût-elle point animé ? on oublia qu'elle s'était mariée un peu tard, on ne vit plus qu'une femme accomplie, qui embellissait jusqu'à la beauté par les charmes de la raison et les graces de l'esprit. On se tut, on l'écouta, on l'admira. C'est ainsi que Juliette aimait à se venger.

Rigide observateur de l'étiquette, M. d'Hérouville ouvrit le bal par un menuet, qu'il dansa très-bien, avec une présidente d'Angers, qui le dansa très-mal. On se mêla ensuite, et on forma des contre-danses. Juliette ne dansait pas. Le grand vicaire, Cervières, M. d'Hérouville, tout ce qui valait quelque chose se réunit autour d'elle. On lui fit une cour assidue, elle le remarqua, n'en tira pas vanité, et s'efforça de mériter cet hommage. Ces honneurs, rendus à la beauté et au mérite, rejaillirent jusqu'à moi. Ces Messieurs oublièrent que je n'avais pas l'honneur d'être gentilhomme ; quelques-uns m'appelèrent leur cher ami ; quelques-unes de ces dames avaient l'air de me dire : « Veuillez plutôt être le notre. » J'aime qu'on te trouve beau, me disait Juliette » tout bas, j'aime qu'on te trouve aimable ; mais » ne le sois jamais que pour moi ».

On se quitta, comme on se quitte toujours à la fin de ces sortes de fêtes ; fatigué du bruit, de soi-même et des autres. Cervières retrouva son épouse, je retrouvai ma Juliette, et M. d'Hérouville nous souhaita une bonne nuit. Il est des souhaits qui manquent rarement leur effet : c'est une remarque que nous fîmes, Cervières et moi, le lendemain matin.

M. d'Hérouville déclara à son gendre qu'il fallait penser à retourner à Paris. Une des clauses du contrat de mariage était que Cervières achèterait de suite une charge de président à mortier; et M. d'Hérouville tenait beaucoup à cette clause là. Il fallut s'occuper de la remplir sans le moindre délai. Madame de Cervières nous quittait avec peine. Elle nous pressait de nous fixer chez elle jusqu'au temps où nous aurions placé nos fonds; mais Juliette était trop avancée pour entreprendre encore un voyage; d'ailleurs elle raisonnait déjà en mère de famille. « Notre fortune » est très-bornée, disait-elle; mais ce pays-ci est » agréable, abondant, on y vit à bon compte, et » nous y serons plus riches qu'ailleurs. Nous y » avons trouvé quelques personnes qui nous con- » viennent, et dont j'espère faire de vrais amis. » Si Happy le trouve bon, nous nous établirons » ici. — Un désert et Juliette, lui répondis-je ». C'était ce qu'elle m'avait répondu elle-même dans d'autres circonstances. Nous n'avions qu'un cœur, qu'un esprit, qu'une ame.

L'impitoyable M. d'Hérouville pressa tellement son départ, que nous n'eûmes pas le temps de nous préparer à cette triste séparation. Nos jeunes femmes pleurèrent en s'embrassant; Cervières et moi nous nous serrâmes la main, et nous nous promîmes, du fond du cœur, de nous aimer toute la vie. Lysi, son aimable petite femme et le grand-vicaire, nous dédommagèrent un peu de la perte que nous venions de faire: ils parvinrent ensuite à nous en consoler. Juliette se lia intimement avec madame Lysi. Même âge, même amour pour son époux; même fortune, mêmes vues économiques, moins de charmes, sans doute, un esprit moins cultivé; mais toutes les qualités estimables qui pouvaient intéresser Juliette, telles furent les bases sur lesquelles s'établit leur amitié.

Je reçus de mademoiselle Suzon, un paquet volumineux. Elle m'instruisait des détails de ma naissance; elle m'apprenait que M. Bridault était mort d'une goutte remontée, et le Père Jean-François d'une indigestion. Elle vivait d'une petite pension que son maître lui avait laissée; elle était infirme, et il lui eut été bien doux d'avoir son fils auprès d'elle; enfin elle faisait des vœux pour mon bonheur, et elle m'envoyait les papiers que je lui avais demandés, et dont je n'avais plus besoin. Sa lettre, très-longue, était très-mal écrite, on le croira aisément; mais le sentiment perçait à chaque ligne, il passait dans mon cœur, il le pénétrait. Juliette était allée voir madame Lysi; elle rentra, et me trouva attendri. Elle m'en demanda la raison, et je lui donnai ma lettre. « Que comptes-tu faire pour ta mère, me » dit-elle après avoir lu? — Je n'ai rien, lui ré- » pondis-je; ce n'est pas à moi à donner. — Tu » n'as rien, s'écria-t-elle! eh! ce que je possède » n'est-il pas à toi? Donne, mon ami, donne à ta » mère; c'est à elle que je te dois ». Un mouvement d'admiration me fit tomber à ses pieds. Je les serrai, je les baisai, je les mouillai des larmes

de la reconnaissance. « Que fais-tu, me disait-elle
» en me relevant ? c'est ta Juliette, c'est ta femme.
» — C'est l'image de la divinité. Laisse-moi l'ado-
» rer dans son plus bel ouvrage ».

Elle écrivit. Elle parla en fille tendre et res-
pectueuse. Elle offrit, elle promit tout, elle aurait tout tenu : ma mère et moi nous ne devions
plus nous revoir. Elle s'éteignait au moment où
elle reçut la lettre de Juliette : elle se la fit lire,
et elle mourut en paix.

La nature me rendit bientôt autant qu'elle venait de m'ôter. Juliette avait honoré ma mère ;
elle méritait de l'être à son tour. Je souffrais de
ses douleurs : « Elles sont douces, me disait-elle,
» puisqu'elles vont te rendre père ». Les premiers
cris de mon enfant retentirent jusqu'à mon
cœur ; ils doublèrent mes sensations, mon bonheur et mon être : ce sentiment délicieux ne
s'éprouve qu'une fois. Que j'aimais à le voir chercher, prendre, presser ce sein blanc comme
l'albâtre, imprimer ses lèvres incertaines et ver-
meilles sur ce bouton qui avait la fraîcheur de
la rose ! Sollicitude, soins, prévoyance, amour,
Juliette lui prodiguait tout. Qu'elle était grande,
qu'elle était touchante, cette Juliette qui faisait
ses plaisirs les plus doux du plus saint des devoirs !
O mères ! la couche nuptiale est le trône de votre
gloire !

Un cœur tendre a besoin d'un Dieu, et sait l'adorer par-tout. Juliette, protestante, présenta son enfant dans un temple romain, et invoqua sur lui les bénédictions célestes. L'Être suprême entendit ses vœux, et les exauça. Il m'a laissé ma fille, elle charmera ma vieillesse, elle fermera mes yeux.

Nous nous occupâmes enfin de notre établissement. Nous étions encore chez l'ami de Cervières, et nous desirions être chez nous. Le marchand-secrétaire du roi avait fait manger son magasin par ses chevaux, ses chiens et ses laquais. Lysi traita en notre nom d'un très-joli domaine. Juliette le vit, observa, calcula tout. «Qu'en penses-»tu, me dit-elle? — Ordonne, lui répondis-je»; et nous signâmes le contrat.

Elle se mit à la tête de sa maison. Lysi lui donnait des leçons d'agriculture, elle les exécutait. Elle dirigeait les travaux, récoltait les moissons, encourageait ses domestiques, et s'en faisait aimer; sa fille commençait à lui sourire, et répondait à ses caresses; j'étais toujours son amant, Lysi et sa femme étaient fiers de son amitié; elle rassemblait sur elle seule tous les sentimens consolateurs qui font supporter la vie, et elle répandait autour d'elle l'aisance et le bonheur : elle avait dix-neuf ans.

Cinq années s'écoulèrent comme un jour sans

orage. On nous avait parlé d'une révolution; le sang avait coulé à Paris : nous avions déploré les malheurs qui menaçaient la France, sans soupçonner qu'ils pussent jamais nous atteindre. Nous n'avions rien qui pût tenter la cupidité ou l'ambition : nous n'étions riches que de notre bonheur. Un événement imprévu nous rejeta dans le monde, et nous conduisit par des routes inconnues au dernier terme de la misère humaine.

Depuis quelque temps madame Lysi était atteinte d'une mélancolie profonde. Elle avait perdu sa fraîcheur, elle languissait, elle périssait. Elle supportait la tendresse de son époux; elle n'y répondoit plus. Elle repoussait les soins obligeans de Juliette; mon amitié l'embarrassait; elle ne se souvenait qu'elle était mère que pour en remplir les devoirs les plus indispensables; une amertume secrète empoisonnait jusqu'aux caresses de ses enfans.

Son mari l'adorait, et son état l'affligeait sensiblement. Il souffrait d'autant plus, qu'il n'avait fait que de vains efforts pour en découvrir la cause. « J'ai perdu la confiance de ma femme, nous disait-il quelquefois, et je ne me connais pas l'ombre d'un tort à son égard. Si j'en ai, qu'elle le dise; que je puisse au moins les réparer ». Juliette et moi, nous la pressions de parler. Nous lui représentions que son silence faisait le malheur

de son époux, et devait ajouter au sien. « Il a
» partagé vos plaisirs, lui disait Juliette; il a droit
» à partager vos chagrins. On n'aime plus l'objet
» auquel on cache quelque chose. Cette triste
» vérité, Lysi la sent, elle l'afflige, elle l'humilie.
» Ma bonne amie, faites quelque chose pour votre
» époux; soulagez son cœur : peines d'amour sont
» si cruelles »! La vérité de ce langage la frappait;
elle devenait plus triste, et ne répondait rien.
Nous nous appercevions que nos instances lui
étaient à charge, et, par une contradiction
singulière, inexplicable, elle nous cherchait plus
souvent; elle passait les journées entières avec
nous, et le soir elle regrettait d'être obligée de
nous quitter.

Juliette était allée à Angers pour habiller sa
fille, et Lysi fut obligée de faire un voyage à
Tours pour la vente de ses vins. Il partit avec
peine, et me pria instamment de ne pas quitter sa
femme. J'étais seul chez moi; elle m'offrit un lit;
je crus devoir l'accepter.

J'avais passé deux jours avec elle sans m'en
éloigner d'un moment. Elle aimait la promenade; elle s'appuyait sur mon bras, pâle, abattue, et toujours intéressante. Je lui parlais; elle
m'écoutait avec plaisir : un sourire presque imperceptible effleurait ses lèvres; elle ne répondait que des mots; mais ils n'avaient rien de

pénible. A la fin du second jour elle se livra davantage ; ces traces d'une longue tristesse commençaient à s'évanouir ; elle me marquait plus de confiance, et je voulus en profiter. Je la priai, je la conjurai de me dévoiler la cause de sa peine. Je lui parlai avec la chaleur, l'intérêt pressant d'une vive amitié. Ses joues se colorèrent; deux fois elle ouvrit la bouche ; deux fois elle se tut. J'insistai ; je pris sa main dans les miennes, je la caressai ; je la grondai, je la suppliai de nouveau. « Que d'efforts, me dit-elle, » pour devenir peut-être aussi à plaindre que moi ! » — Vous en avez trop dit pour ne pas achever. » — Est-il besoin de vous en dire davantage ? — » Non, madame, je crains de vous trop entendre. » — Ne me reprochez rien ; c'est vous qui l'avez » voulu. — Vous reprocher quelque chose ! N'at- » tendez de moi que des soins et des consolations. » — Et c'est-là tout ce que vous m'offrez ! ». . . . Jamais je n'avais souillé le lit de personne. La femme de Lysi sur-tout devait être sacrée pour moi. Ces reflexions devaient prévenir la faute, et ce fut la faute qui les fit naître.

Madame Lysi fondit en larmes. « J'allais mou- » rir, dit-elle, de ne vous point avoir, et je mour- » rai de vous avoir eu. Je me croyais malheu- » reuse, et j'avais encore mon estime. Lysi ne » pouvait me reprocher que ma froideur, et je l'ai

» déshonoré. Votre femme vous adore, et ma fai-
» blesse l'outrage. Que d'infortunés à la fois !...
» Mon ami, reprenait-elle en sanglotant; ah ! mon
» ami, ne me méprisez pas. J'étais née pour être
» toujours vertueuse. Une passion cruelle, insur-
» montable, me conduisait à pas lents au tom-
» beau. J'allais y descendre : vous ne l'avez pas
» voulu. Vous m'avez arraché mon secret; vous
» avez arrêté sur mes lèvres mon ame prête à me
» quitter..... Achevez votre ouvrage. Surmontez,
» étouffez mes remords ». Je n'avais pas l'habitude
du crime : celui-ci m'effraya. J'étais dans un état
qui différait peu de celui de madame Lysi. « Tu
» t'échappes de mes bras, tu t'éloignes de moi,
» s'écria-t-elle..... Happy, trop séduisant Happy,
» ah ! reviens, reviens; aime-moi, dis-moi que tu
» m'aimes; trompe-moi s'il le faut, je bénirai
» mon erreur ».

Huit jours se passèrent dans ces alternatives de
repentir et de faiblesses : on n'a qu'un moment
pour revenir à soi. Le laisse-t-on échapper, on
s'engage plus avant; on ne peut plus rétrograder.
Sans y avoir pensé, sans l'avoir cherché, sans l'a-
voir voulu, je me trouvai en commerce réglé
avec madame Lysi. Ce n'était pas précisément de
l'amour que je sentais pour elle. C'était un mélange de compassion, d'amitié, et peut-être d'a-
mour-propre. Elle était heureuse, elle me le

disait, et quelquefois je croyais l'être, quand la présence de Juliette ne me reprochait pas ma conduite.

Madame Lysi recouvra bientôt sa santé et ses charmes. Elle devint folâtre, enjouée même. Lysi et Juliette, parfaitement tranquilles, applaudissaient à l'heureux changement qu'ils remarquoient chaque jour, et nous poussions l'oubli de nous-mêmes jusqu'à insulter à leur sécurité. Nous ne pensions plus que cette sécurité nous supposait des vertus que nous avions perdues. Lorsqu'on est parvenu à ce degré de dépravation, on ne peut plus même entrevoir le terme où l'on s'arrêtera. Madame Lysi cessa bientôt de se contraindre. Elle devint exigeante, altière, méprisante envers son mari. Elle me cherchait, elle me suivait par-tout. Elle se permettait des indiscrétions qui eussent éclairé Lysi, s'il eût pu soupçonner sa femme et son ami. De mon côté, je négligeai Juliette. Elle était trop tendre pour ne pas s'en appercevoir, et trop délicate pour se plaindre. Cependant elle m'observait de très-près, sans que je m'en doutasse. Point de démarches directes, point de questions, pas un mot qui décelât ses chagrins. C'est dans mon cœur qu'elle m'étudiait : c'est là qu'elle acquit la funeste conviction de mon infidélité.

Il fallait un miracle pour me ramener de mon

égarement. Juliette seule pouvait l'entreprendre ; elle seule pouvait l'opérer. Un matin elle s'enferma avec moi : elle se recueillit, et se disposa à parler d'un air calme et réservé. « Je ne vous fe- » rai point de reproches, me dit-elle ; vous m'avez » trop appris qu'on n'est pas maître de son cœur. » Il est affreux pour moi d'avoir perdu le vôtre »…. Je voulus l'interrompre. « Point de mots, reprit- » elle ; écoutez-moi. Si vous n'aviez eu qu'un de » ces momens d'oubli si ordinaires aux hommes, » et si douloureux pour nous, je ne désespérerais » de rien. Mais depuis plusieurs mois vous vivez » avec une mère de famille, avec l'épouse de » votre meilleur ami. Vous vous êtes soumis à des » détours, à la feinte, au mensonge ; vous êtes » réduit à tromper sans cesse ce qui vous envi- » ronne, et ce qui vous fut long-temps cher. Ces » circonstances aggravantes annoncent un amour » violent ou une ame dépravée, et dans l'un ou » l'autre cas il faut nous séparer ». A ce terrible mot, dont je n'avais pas même conçu l'idée, le voile se déchira. Je baissai les yeux, et je n'osai les relever sur Juliette. Je comparai ces jours sereins et purs que j'avais coulés auprès d'elle, à ce bonheur idéal et mensonger que je goûtais dans les bras de madame Lysi. Je ne pus me dissimuler que je m'étais attaché à une femme qui avait été à plaindre sans doute, mais qui était devenue méprisable. Combien Juliette gagnait à la comparaison rapide que je faisais d'elle à madame Lysi ! Si jamais la vertu habita sur la terre, c'est sous les traits de Juliette qu'elle a daigné se communiquer aux mortels. C'est à Juliette que je devais des talens, quelques qualités estimables, et sur-tout mon bonheur passé, qu'elle avait payé par tous les sacrifices qu'une femme sensible peut faire à l'amour, et la plus noire ingratitude était sa récompense ! Mon cœur se gonfla ; deux ruisseaux de larmes s'ouvrirent.

« Nous séparer, nous séparer, m'écriai-je d'une
» voix entrecoupée.... — Ne le sommes-nous pas
» déjà ? Exigerez-vous que je sois plus long-temps
» témoin du triomphe d'une rivale ?.... — Une ri-
» vale ! Madame Lysi la rivale de Juliette ! — Et
» ma rivale heureuse : il ne m'est plus permis d'en
» douter. Je me retire chez madame de Cervières.
» — Je t'y suis. Je quitte, j'abandonne tout pour
» m'attacher irrévocablement à toi. Si Juliette
» peut vivre sans moi, je sens que je ne peux
» vivre sans elle. Une ame comme la tienne sera-
» t-elle inaccessible à mes regrets ? Serais-je à tes
» pieds si j'étais un homme vicieux ? Les mouil-
» lerais-je de mes larmes si tu avais perdu tes
» droits sur mon cœur ? C'est le père de ta fille,
» c'est ton époux, c'est ton amant qui te demande
» grace.... Pardonne-moi, pardonne-moi.... Laisse-

» moi respirer encore le souffle de la vertu ». Elle me releva, et me fit asseoir auprès d'elle. « Voilà » mes conditions, me dit-elle. Je vous crois vrai » en ce moment ; mais vous êtes faible, et je sais » quelle impression vous avez dû faire sur le cœur » de madame Lysi. Elle ne négligera rien pour » vous attirer à elle, et je ne veux pas, je ne dois » pas être le jouet de la passion que vous lui avez » inspirée. Je persiste dans mon dessein. Je vais » chez madame de Cervières ; et vous resterez » quelques jours ici. Vous consulterez votre pen- » chant et vos forces, vous choisirez librement » entre madame Lysi et moi. — Mon choix est » fait. Juliette, toujours Juliette, rien que Juliette ! » — Eh bien ! si après l'avoir revue, si après lui » avoir annoncé que vous la quittez pour toujours, » vous résistez à ses prières, à ses pleurs ; si vous » revenez à moi sans être soutenu, encouragé par » ma présence, vous retrouverez votre épouse ; » vous la retrouverez telle qu'elle fut toujours ». Je voulus prendre sa main ; elle la retira, et sortit.

Incapable de manquer à ses résolutions, elle disposa tout pour son départ. Elle plaignait sincèrement Lysi ; elle prit congé de lui de la manière la plus affectueuse. Elle reçut les feintes caresses de sa femme avec une dignité froide ; elle me quitta sans marques apparentes de satisfaction ni de douleur. Je la suivis jusqu'à sa voiture. J'étais suppliant, souffrant, inanimé. Je pris sa main, elle me la laissa ; je la pressai, et sa main fut muette. J'embrassai ma fille et je la lui remis : elle l'embrassa à l'endroit même où j'avais touché sa joue ; ce baiser adoucit ma blessure. Elle partit, et je rentrai chez moi. Je trouvai sur ma table un billet de Juliette ; il ne contenait que ces mots : « Si vous avez la force » de rompre, que ce soit sans aigreur. N'oubliez » pas ce qu'un homme doit d'égards aux femmes, » même à celles qui en méritent le moins ».

Madame Lysi entra, et me félicita de l'absence de ma femme. « Cette absence ne sera » pas longue, lui dis-je. — Elle reviendra ! — Je » vais la joindre. — Je vous le défends. — Je ne » suis resté que pour déplorer avec vous l'aveu- » glement qui nous a trop long-temps égarés, » pour vous rendre à votre époux, à vous-même, » à vos enfans ; pour réparer, autant qu'il est en » moi, le désordre que j'ai mis dans votre mai- » son. — Vous ne me direz rien que je ne me sois » déjà dit à moi-même. Il est inutile de vous » étendre en raisonnemens et en maximes. Rien » ne peut me ramener au point d'où je suis par- » tie, et il y a long-temps que je ferme les yeux » sur la profondeur de l'abîme qui m'avait d'abord » effrayée. — Les miens se sont ouverts, madame ;

» il m'en coûte de vous affliger, mais il faut nous » quitter, absolument il le faut ». Je m'attendais à une scène orageuse, déchirante. Madame Lysi ne tenait pas plus alors à son amant qu'à son époux. Cette femme, autrefois si douce, si décente, s'était familiarisée avec le vice, elle en avait les expressions, elle ne savait plus rougir. O femmes ! femmes, qui n'avez qu'un pied dans le sentier du crime, qui pouvez, par intervalles, entendre encore le cri d'une conscience alarmée, gardez-vous de l'étouffer, fuyez l'objet séducteur, entourez votre cœur d'un triple airain : vous ignorez à quel point de dégradation une femme pudique peut descendre.

Soumis aux ordres de Juliette, je restai deux jours encore. Madame Lysi m'évita ; son infortuné mari me donna des preuves d'amitié, qui m'affligèrent pour la première fois : je n'en étais pas digne. Il voulut bien se charger d'affermer notre petite terre ; je lui laissai ma procuration, et je pris, à pied, la route de Tours, pour ménager un faible revenu, dont je ne me croyais plus le droit de disposer.

A mesure que je m'éloignais des Roziers, je me sentais soulagé ; je respirais avec plus de facilité, je m'applaudissais de ma victoire, je me promettais encore de beaux jours. « Je ne suis plus, me » disais-je, je ne suis plus un être immoral, isolé

» je vais me réunir à ma femme, à mon enfant » :
Je courais, je volais ; la vigueur de mes membres ne secondait pas mon impatience. Je marchai, sans m'arrêter, des Roziers jusqu'à Tours ;
il y a dix-neuf lieues. J'avais pris un morceau de
pain avec moi, et quand ma langue desséchée
s'attachait à mon palais, je descendais la levée,
je me désaltérais dans la Loire, et je poursuivais
mon chemin. Je n'espérais joindre Juliette qu'à
Paris ; mais je fus forcé de m'arrêter à Tours,
pour prendre un peu de repos. J'entrai dans cette
même auberge, où quelques années auparavant
j'avais passé une nuit si douce et si tranquille!
Ma fille était dans la cour ; elle jouait avec les
enfans de la maison. Dès qu'elle me vit, elle accourut à moi. « Où est ta mère ? — Oh ! elle
» est bien malade. — Elle ne l'est plus, s'écria
» Juliette, en se précipitant dans mes bras ; elle
» a retrouvé Happy et le bonheur ». Elle me serra
sur son sein, elle me combla des plus tendres
caresses ; l'impression de la joie ajoutait à sa
beauté. Je ne parlais pas, je n'en avais pas la
force. Il ne m'en restait que pour sentir une félicité nouvelle. Elle me fit entrer dans sa chambre ; je retombai à ses genoux. « C'est au cou-
» pable à s'humilier, s'écria-t-elle en me relevant,
» L'homme qui renaît à la vertu a recouvré mon
» estime ; et si mon amour, si cet amour brû-

»lant, qui ne se démentira jamais est de quel-
»que prix à ses yeux, qu'il en jouisse, qu'il le
»savoure, qu'il en épuise la source dans des tor-
»rens de volupté ».

Les combats qu'elle s'était livrés pour me cacher le mal que lui faisaient mes désordres, l'insensibilité qu'elle avait marquée en me quittant, et qui était si loin de son cœur, la crainte de m'avoir perdu sans retour, toutes ces causes réunies l'avaient vivement affectée, et elle était arrivée à Tours avec une fièvre violente. « La »paix de l'ame est le premier médecin, me dit- »elle en souriant »; et, en effet, la fièvre ne revint plus.

Nous continuâmes notre route, et nous arrivâmes à Paris, plus empressés, plus amoureux que jamais. Cervières et sa femme nous reçurent comme nous nous y étions attendus; mais la tristesse était peinte sur leurs visages. Cette maison autrefois si brillante, n'avait plus rien de sa splendeur passée. Cervières avait perdu sa charge; M. d'Hérouville était émigré, on avait séquestré ses biens, et il ne restait à sa fille que le cœur de son mari. « Nous sommes réduits à »l'exact nécessaire, me dit Cervières; mais nous »le partagerons avec vous, jusqu'à ce qu'un »emploi lucratif supplée à la modicité de votre »revenu. Vous n'êtes pas né, comme moi, dans

» une caste proscrite ; vous êtes dans l'âge où on
» intéresse, et vous êtes propre à tout ; le
» mérite n'est pas persécuté encore ; montrez-
» vous, sollicitez, et si ceux qui sont maintenant
» à la tête des affaires veulent vraiment le bien
» public, ils se hâteront de vous employer ».

Juliette pensa comme M. de Cervières. Fière de son époux, elle desirait qu'il se distinguât de la foule commune, qu'il fixât l'attention, qu'il acquît des droits à la considération et à la reconnaissance publique. L'occasion était favorable ; elle me conseilla de la saisir.

Mon inclination s'accordait assez avec les vues de Juliette et de Cervières. Je n'étais pas un ambitieux, mais j'avais cette noble émulation, inséparable de quelque mérite, et je résolus de m'occuper de mon avancement.

CHAPITRE IX.

Les portraits à la mode.

Je ne reconnus point Paris. Plus d'équipages, plus de dorures, plus d'industrie, plus de gaîté. Des atteliers vuides, des hôtels dévastés, l'ortie et le chardon croissant dans les cours, l'inquiétude dans tous les yeux, la tristesse dans tous les cœurs. Des princes couraient les rues en carmagnoles, des duchesses en robes d'indienne, des agioteurs en wiski. Mon tailleur était inspecteur des remontes, mon perruquier fournisseur des armées, mon brasseur général, et mon boucher législateur. Toute la France jouait *à la toilette madame :* tout le monde changeait de place.

Je lisais par-tout en gros caractères, *l'égalité ou la mort*, et personne ne voulait être l'égal de son voisin. L'homme en place ne reconnaissait plus son égal qui l'avait élu ; le nouveau riche méprisait le misérable qu'il avait dépouillé ; chacun sentait intérieurement qu'il n'était pas l'égal de celui qui pouvait l'égorger au nom de l'égalité ; pour moi, j'étais bien convaincu qu'un nain n'est pas l'égal d'un géant, qu'un sot n'est pas l'égal de Collin, et qu'un barbouilleur n'est pas l'égal de David. L'égalité n'était que sur les murs, et sa place est aux tribunaux.

Le drapeau tricolor flottait à toutes les croisées, ce qui n'empêchait pas la nation de s'emparer de la maison, quand elle en avait besoin.

La cocarde avait été jusqu'alors un signe de ralliement, et tous les partis portaient la cocarde. Quand tout le monde la porte, c'est comme si personne n'en portait.

Au milieu des orages politiques, la mode avait conservé ses droits. Au 12e, 13e, 14e et 15e siècles on portait une soutane qui descendait jusqu'aux pieds, on se couvrait la tête d'un capuchon avec un bourrelet en haut, et une queue qui tombait derrière; sous Charles V, on porta des habits *blasonnés*; sous Charles VI, l'habit *mi-parti*, semblable à celui des bedeaux; sous François Ier, on quitta l'habit long pour donner dans l'extrémité opposée; on adopta le pourpoint à petites basques et le pantalon serré. Sous les règnes de Henri II, de François II, de Charles IX, de Henri III et de Henri IV, on était vêtu précisément comme l'ont été depuis nos coureurs, au petit manteau près que les coureurs n'avaient pas. Sous Louis XIV, tous les hommes eurent la manie des perruques. On en portait de si volumineuses, qu'elles tombaient presque à la ceinture. L'habit descendit jusqu'aux genoux; mais il était si ample, qu'avec ce qu'il entrait d'étoffe dans les paremens et dans les basques on ferait aujourd'hui une culotte et deux gilets. Sous Louis XV, les habits cessèrent d'être ridicules, les jeunes gens quittèrent la perruque, et on imagina les poudres de couleur. Les aimables du jour se poudraient en roux, en gris, en noir et en couleur de rose.

Sous François II, les hommes avaient trouvé qu'un gros ventre donnait un air de majesté, et les femmes imaginèrent qu'un gros cul devait produire le même effet. On eut de gros ventres et de gros culs postiches. Quand j'avais quitté Paris, les femmes trouvaient très-joli de ressembler à une guêpe. En conséquence, elles se serraient le bas de la taille, et portaient des bouffantes. Quand j'y revins, elles croyaient qu'il valait mieux ressembler à une planche : elles étaient toutes longues et plates comme l'épée de Charlemagne. Tous les hommes avaient quitté la perruque; les femmes s'en affublèrent. J'ai vu des blondes en perruques noires, des brunes en perruques blondes, ce qui allait très-bien à l'air de leur figure.

Sous ce même François II, les femmes s'avisèrent tout-à-coup de se couvrir le visage avec un masque appelé *loup*. Cette mode fut sans doute mise en vogue par quelque laidron de qualité, ou quelque mari jaloux. On allait masqué au bal, à l'église, au spectacle, à la promenade. A mon retour à Paris, les jeunes gens avaient trouvé très-avantageux de se couvrir la moitié du visage avec des bésicles, et de ressembler à des échappés des Quinze-Vingts. Les hommes portaient des gilets et des pantalons de grosse laine, les cheveux plats et gras, des bas crottés, et des mains sales; c'était le signe par excellence du patriotisme : on y joignait le bonnet rouge aux jours de grande cérémonie. Les jeunes gens se sont coëffés depuis en *chiens-canards,* sans doute pour donner à leurs maîtresses une haute idée de leur fidélité; ils ont porté deux ou trois gilets de différentes couleurs, et des culottes qui descendent jusqu'au milieu du mollet. Pour être bien fait aujourd'hui, il faut avoir les cuisses très-longues, et les jambes très-courtes.

La mode s'étendait jusqu'au langage. On avait renoncé à la langue de Racine; on y reviendra peut-être. Quoi qu'il en soit, il fut indécent d'être clair, intelligible, et sur-tout d'articuler. On supprima tous les *r*, et au défaut d'idées, on employait des mots. On avait sa *pa-ole d'honneu, sa pa-ole panachée,* et ces *pa-oles,* placées par-tout à tort et à travers, étaient devenues *le fond de la langue.*

Les grands hommes du jour avaient jugé à

propos de s'assimiler aux grands hommes de l'antiquité. On dédaigna de s'appeler *Antoine*, *Guillaume* ou *Boniface*. C'étaient *M. Aristide*, *M. Décius*, *M. Caton*, *M. Brutus*, et ces messieurs ressemblaient à leurs nouveaux patrons, comme le roi *Théodore* ressemblait à *Gengis-Kan*. Madame *Décius* et madame *Caton*, ci-devant blanchisseuses de bas de soie ou de tuyaux de pipes, cachaient leurs corsets rouges sous des linons, balayaient les ruisseaux avec des falbalas de dentelles, de peur de laisser voir, en se troussant, leur jupon de siamoise. Elles ont aujourd'hui des bagues à tous leurs doigts, qu'elles lavent régulièrement tous les jours ; elles apprennent à lire dans des livres reliés en maroquin et dorés sur tranche. Elles disaient autrefois : *ce n'est pat à moi* ; elles disent maintenant : *ce n'est poins à vous*, ce qui est beaucoup plus doux à l'oreille. Elles ont le ton mielleux quand elles ne jurent pas, et si elles s'arrachent quelquefois le bonnet, ce n'est plus que chez elles. Elles n'osent pas encore se permettre la voiture ; mais elles commencent à couvrir avec du rouge leur crasse baptismale.

De très-grands génies firent de petites comédies en un, deux et trois actes, pour prouver grammaticalement au public que *tu* est un singulier, *vous* un pluriel, qu'un homme est *tu* et non pas *vous*, et le public trouva cette idée très-ingénieuse. La Convention nationale, qui n'avait rien de mieux à faire ce jour-là, invita tous les bons Français à n'être plus *vous*, et à se contenter d'être *tu*. *Tu* avait son agrément quand on l'adressait à une jolie femme, qui voulait bien vous le rendre, et *tu* devint à la mode comme tant d'autres choses. *Tu* passa des boudoirs à la tribune, dans les administrations, dans les tribunaux. On lisait en entrant dans tous les bureaux possibles : **Ici on se tutoie. Fermez la porte, s'il vous plaît.**

Jusqu'ici il n'y avait eu que des ridicules, et des ridicules ne sont pas dangereux. Mais l'ignorance, le mauvais goût, la perversité, la cruauté la plus atroce, furent aussi à la mode. Le cœur saigne en se rappelant ces excès ; la plume se refuse à les écrire. On commença par déclarer la guerre aux arts. On jugea que le Misanthrope, la Métromanie, le Philinte de Molière et le Vieux Célibataire, étaient des ouvrages anti-civiques, parce qu'on y trouve des comtes, des marquis, des habits brodés, et qu'on ne s'y tutoie pas. L'ancien répertoire fut sévèrement interdit, et les *Aristides*, les *Décius* s'emparèrent de la scène. Il fallut avaler tranquillement les pilules de ces charlatans, à peine de passer pour mauvais citoyen. Bientôt on défendit expressément aux gens de lettres qui avaient le sens commun de traiter d'autres sujets que des sujets patriotiques, et ces pièces patriotiques étaient des diatribes qui favorisaient les vues de tel ou tel parti. On rétablit la censure au nom de la Liberté. On choisit pour couper les ailes au génie, un ancien laquais de Suard qui avait appris à lire dans son anti-chambre; on lui donna pour successeurs deux individus qui écrivaient *police* par deux *ss*. Ceux qui pouvaient maintenir l'honneur des lettres furent effrayés et se retirèrent. Mais en récompense, quarante ou cinquante grimauds écrivirent tant et tant, qu'ils parvinrent à éteindre le goût, à assommer la raison et à hébêter le public; c'était ce qu'on voulait. Les fripons redoutent les lumières. On avait fermé les collèges; on se garda bien de les rouvrir : des républicains ne doivent pas savoir lire. On a conservé cependant quelques restes des langues mortes. Nous avons des mètres, des kilomètres, des miriagrammes, renouvellés des Grecs par des Grecs qui *écorchent* le français.

Point d'effets sans cause. Le monde existe; il a une cause. Quelle est-elle? Tous les hommes prétendent la connaître; elle est impénétrable. De la faiblesse et de l'orgueil humain sont nées toutes les religions, qui toutes ont leurs miracles, et qui toutes se tournent en ridicule, quand l'esprit de parti n'éveille pas les passions et n'ensanglante point la terre. Les vieilles religions ne sont plus à craindre; elles ont perdu la ressource du merveilleux qui excite l'enthousiasme, et une religion sans enthousiasme se réduit à bien peu de chose; elle est abandonnée à quelques vieilles femmes, à quelques hommes faiblement organisés, qui croient de bonne-foi, qui passent une partie de leur vie à genoux devant leur chimère, et ceux-là ne troublent pas l'ordre social. Il est cruel de leur ôter une erreur consolante; il est atroce de les persécuter. On porta en plein jour les vases sacrés à la Monnaie, et les charretiers s'en servaient en chemin aux usages les plus vils; ils revêtaient les habits sacerdotaux, et les portaient d'une manière dérisoire. Le Dieu des Français se tut. Mais le Français sentit renaître sa ferveur. On avait fermé des temples vuides; la foule se rassembla à la porte; on poursuivit les prêtres, et les prêtres inspirèrent de l'intérêt. Au lieu de les attacher au gouvernement par la douceur, et sur-tout par un traitement honnête, on les aigrit par la violence et le mépris; on leur donna très-peu d'un très-mauvais papier, et ils remuèrent; on les proscrivit, et ils suscitèrent la guerre de la Vendée; on les noya, et leurs sectaires en ont fait des martyrs.

Il était de la politique de ménager le clergé;

l'expérience de dix siècles avait appris quelle était son influence sur le commun des hommes. Il est vrai cependant que la plupart des prêtres ne méritait aucun ménagement. Des vicaires prêtèrent tous les sermens qu'on exigea d'eux pour devenir curés. Des curés dénoncèrent leur évêque pour monter à l'épiscopat. Quelques-uns renièrent leur Dieu pour obtenir des emplois lucratifs, et vivre dans la licence à la faveur du désordre inséparable d'une révolution. Les moins déhontés épousèrent leurs concubines ; d'autres se marièrent par intérêt, et gardèrent leur servante par libertinage et par habitude ; presque tous prirent des femmes perdues : un être vil ne trouve à s'associer qu'avec un être qui lui ressemble.

Quelques époux étaient mal assortis ; on autorisa le divorce, on lâcha la bride aux passions, on rompit tous les liens sociaux. La femme renonça à l'estime, et crut pouvoir s'en passer. Elle se livra sans pudeur aux obscénités de plusieurs hommes qu'une loi insensée appelait ses maris, et elle osa prononcer encore le mot *vertu*, avec des lèvres souillées de la lave du vice. Des hommes abusèrent de cette loi barbare pour tromper, pour perdre l'innocence. Ils jurèrent amour, fidélité à des vierges qu'ils brûlaient de déflorer, pour les abandonner ensuite à de vains, à d'impuissans regrets; et tel est l'avilissement de ces prétendus époux, que leurs victimes languissent, sèchent et meurent sans trouver un homme estimable qui daigne leur succéder.

On reconnut les bâtards. L'homme sans frein put avouer publiquement les fruits de son libertinage, et dépouiller en leur faveur les héritiers légitimes d'une épouse vertueuse. Que reste-t-il à la mère infortunée qu'on afflige jusques dans ses enfans? L'abandon, le mépris de son époux, et le souvenir de sa turpitude.

Tout tendait à une désorganisation générale. Le peuple étourdi par la rapidité des événemens, ne savait ce qu'il devait craindre ou espérer. Sans gouvernement, sans lois, sans morale, sans pain, il voyait ses bourreaux insulter à sa misère, et salir les murs d'affiches, adressées au peuple souverain. Quel souverain, grand Dieu! On le flagornait, on le trompait, on l'égarait, on le perdait en son propre nom, et il ne s'en doutait pas. Il s'arrêtait devant ces affiches, les lisait, n'y entendait rien, et faisait ce qu'on lui faisait faire, et allait où l'entraînaient les factieux de tous les partis. Il cria vive le roi et à bas le tyran; il cria Pétion ou la mort, et il proscrivit Pétion. Il fit, le dix août, les deux et trois septembre, et le trente-un mai. Il porta Marat au Panthéon, et le jeta à la voierie. Il adora Robespierre, et le chargea d'imprécations au moment de sa mort. La crédulité des peuples est le patrimoine de ceux qui savent les tromper.

Au milieu de ce désordre effrayant, le crime seul marchait d'un pas tranquille. Quand un pays est déchiré par des factions qui se croisent, qui se heurtent, qui se froissent et qui s'écrasent, pour être écrasées à leur tour par un parti plus puissant ou plus adroit, le bien public n'est qu'un mot dont on abuse pour masquer la perfidie, le vol, l'assassinat. Alors la vertu se cache, ou elle est immolée. Le crime seul ose lever sa tête hideuse; il plane dans les airs, il marque ses victimes, il les frappe; on les pleure et on se tait.

On établit un tribunal révolutionnaire. Le sol français s'hérissa de nouvelles bastilles; la moitié de la nation rivait les fers à l'autre. Tous les jours des charretées de proscrits étaient traduites devant le tribunal, qui les envoyait au supplice sans les interroger et sans les entendre. Le jury se déclarait en son ame et conscience suffisamment instruit, dès qu'il avait entendu les noms des accusés. Ils étaient *aristocrates, modérés, fédéralistes* ou *suspects,* selon que ces mots servaient la rage des bourreaux qui voulaient les immoler. Le peuple, devenu féroce, suivait en foule les charrettes; et tel qui insultait au malheur, ne pensait pas que sa tête tomberait dès qu'elle serait inutile ou à charge à ses tyrans.

J'avais rempli successivement plusieurs emplois avec la probité sévère de l'homme qui connaît ses devoirs et qui sait les respecter; ma probité m'avait fait perdre mes emplois. Elle gênait certains hommes, dont elle était la satyre muette; j'avais des ennemis, par cela seul que j'avais servi mon pays avec courage et franchise. On n'avait point encore l'habitude des meurtres juridiques, et on ne pensa point à m'assassiner. La haine se contenta de ma destitution.

Juliette voyait les nuages se grossir, s'amonceler; elle prévit l'explosion. Ses instances me déterminèrent à rentrer dans cette classe ignorée, qui n'a dû son salut qu'à son obscurité. Cependant, le discrédit du papier réduisait notre revenu à rien; les talens étaient délaissés, et les miens m'étaient à-peu-près inutiles, le besoin allait se faire sentir; mon ame, trop sensible, éprouvait d'avance ce qu'il y a d'affreux, et je ne regardais plus Juliette et ma fille sans gémir intérieurement sur le triste sort qui leur était réservé.

Pendant que j'occupais des places lucratives, j'avais soulagé Cervières et sa famille, dont la situation n'était rien moins qu'heureuse, et ces vrais amis avaient eu la générosité d'appuyer les instances de Juliette : ma sûreté leur paraissait préférable à tout. Nous souffrions ensemble, lorsque Cervières fut attaqué d'une tristesse profonde, que j'attribuai d'abord à des privations auxquelles il n'était pas accoutumé. Je m'en expliquai avec lui. Son ame était au-dessus des coups de la fortune ; mais elle n'était pas inaccessible à la crainte. Il avait vu périr ses meilleurs amis ; il tremblait pour sa vie, et ce n'était pas sans sujet. Un soir nous étions tous réunis, selon notre usage ; nous soupions et nous trouvions quelque soulagement à nos peines, entre nos femmes et nos enfans : on frappa à la porte. L'aîné des enfans de Cervières fut ouvrir ; c'étaient des sbires, qui venaient arrêter son père. Ils se répandirent dans la chambre avant que nous pussions nous mettre en défense. L'extrême danger où se trouvait Cervières lui rendit toute son énergie : il se montra grand, calme, et fort de son innocence ; il suivit ses gardes, et nous laissa sa femme à consoler. On mit les scellés par-tout ; on les mit jusques sur les effets de madame de Cervières, et elle resta sans ressource. Elle avait deux enfans, et elle n'avait plus de pain à leur donner. Je voulus solliciter l'appui de quelques hommes vertueux, demander de l'occupation, être utile, et gagner de quoi soutenir ma femme, ma fille et la famille de mon ami : Juliette s'y opposa constamment. Elle comptait les dignités pour rien, et l'opulence pour peu de chose. Elle ne respirait que pour aimer; sa passion était sa vie, toute son ame était de l'amour. « Non, dit-elle, non, tu n'exposeras pas ta tête; » je peux tout perdre, hors toi. Vendons notre » bien; nous le remplacerons peut-être un jour. » Les extrêmes se touchent; un nouvel ordre » de choses peut naître du sein même du » chaos ».

Je fis passer ma procuration à Lysi. Il vendit, et nous reçûmes un million en assignats. Je respirai un moment, et je me partageai tout entier entre Juliette, son amie et nos enfans. Je fis passer des secours à Cervières; à force de peines et de ruses, je l'approchai quelquefois; je lui donnais des motifs de consolation, auxquels je ne croyais pas moi-même. Je l'assurais que sa femme était tranquille, qu'elle sollicitait, qu'elle espérait sa liberté, et toutes ses démarches étaient infructueuses; le chagrin la consumait, elle s'éteignait dans nos bras. Juliette passait les jours et les nuits auprès d'elle. Elle cherchait à ranimer son courage; il n'en restait pas dans son cœur la plus faible étincelle. Juliette, malheureuse par l'amitié, n'était pas sans alarmes pour l'objet de son amour; elle cachait soigneusement les sentimens pénibles qui l'agitaient tour-à-tour; je renfermais ma douleur : nos enfans étaient encore sans prévoyance, et du moins ils ne connaissaient pas le malheur.

Un jour, jour funeste, jour déplorable, qui ne s'effacera jamais de ma mémoire, un marchand de journaux cria sous nos fenêtres, la mise en jugement de tous les membres du parlement de Paris. Madame de Cervières s'élança de son lit, s'habilla malgré nos remontrances, sortit malgré nos efforts, et courut au tribunal. « Suis-la, me dit » Juliette, suis-la; elle va se perdre ». Je la joignis, je voulus la ramener chez elle; elle n'entendait rien, et je me décidai à l'accompagner. Nous entrâmes dans la salle où siégeait le tribunal, et nous apperçûmes Cervières au milieu de ses confrères. Ils étaient entourés d'une garde nombreuse; les débats étaient commencés. Madame de Cervières, pâle, défaite, portait alternativement son œil égaré sur son mari et sur ses juges. Un mot en faveur de l'accusé la rappelait à la vie, et elle respirait comme quelqu'un qu'on vient de soulager d'un pesant fardeau; un mot défavorable la replongeait dans un morne accablement; les muscles de son visage s'alongeaient et s'agitaient de mouvemens convulsifs: pour moi, je ne m'abusai pas sur le sort qui attendait le malheureux Cervières. A la première interpellation qui lui fut faite, à la manière dont on reçut sa réponse, je jugeai qu'il était condamné d'avance.

On sortit enfin pour aller aux opinions. Qu'on se figure les angoisses d'une épouse sensible, en proie pendant une heure à ce que l'incertitude la plus horrible a de plus déchirant. Hélas ! elle fut trop tôt certaine de son malheur. On prononça l'arrêt fatal, et le désespoir s'empara de son ame ; elle jeta des cris perçans, et tous les yeux se tournèrent sur elle. Elle maudit la perversité des juges, l'imbécillité d'un peuple qui applaudissait lâchement à des assassinats, et on la saisit. Je la retins une seconde ; mais, je l'avoue, la crainte d'être perdu pour Juliette m'empêcha de rien entreprendre : que pouvais-je, d'ailleurs ? On la traîna au fauteuil de mort, et son époux reparut pour être condamné à mourir doublement, en mourant aux yeux de sa femme, ou en la voyant mourir la première.

Je sortis saisi d'horreur et d'indignation. Je rentrai chez moi dans un état de stupeur qui absorbait toutes mes facultés. Je pris les deux orphelins, je les mis sur mes genoux, et je pleurai sur eux. « Ils n'ont plus que nous, dis-je à Ju-
» liette ; nous ne les repousserons pas. — Les re-
» pousser, s'écria-t-elle ! ils partageront avec ma
» Cécile son pain, mes soins et mon amour ».

Le jour même, on les chassa de la maison de leur père, et nous en sortîmes avec eux. Nous nous refugiâmes sous un toit, et nous cachâmes notre chagrin et nos craintes de l'avenir sous les livrées de la misère : elle allait nous assaillir. De jour en jour nos assignats avaient perdu de leur valeur, et dans deux mois il n'en pouvait plus rester un. Quelles réflexions terribles fit naître cette situation désespérante ! Sans mon fol attachement pour madame Lysi, nous aurions vécu tranquilles aux Rosiers. Ce petit bien suffisait à tout quand Juliette le faisait valoir. J'avais détruit son repos, j'avais dissipé sa fortune, je la livrais aux horreurs de l'indigence; un malheur plus grand l'attendait encore, et il devait être la suite de mes désordres. J'étais tourmenté, bourrelé, je ne vivais plus. Une nuit, fatigué par des songes affreux, je me réveillai en sursaut, en m'écriant : « Il ne lui reste que mon amour. — Et » cet amour est tout, répondit-elle aussi-tôt en » me serrant dans ses bras. Sans lui point de bon- » heur; avec lui plus de misère. — Tu ne dormais » donc pas ? — Non, mais je pensais à toi. — Pé- » niblement ? — Ton image est toujours riante ». C'est ainsi qu'elle me reprochait ses malheurs.

Il fallut travailler. Juliette, la fille d'un pair d'Angleterre, trouva de l'ouvrage chez une lingère, et le reçut comme une faveur du ciel. J'essayai des gouaches; je ne trouvai point à les vendre, et j'achetai des crochets. Oh ! combien nous nous repentîmes alors de n'avoir pas suivi les conseils d'Abell. L'Angleterre nous offrait un asyle, et bientôt nous n'en devions plus avoir au sein même de ma patrie; mais il était trop tard pour revenir à ce projet; Abell avait obtenu l'ambassade de Suisse. Irions-nous à Londres sans appui, sans ressources, sans autre recommandation que notre indigence, implorer l'assistance de parens éloignés, que nous ne connaissions pas? D'ailleurs la guerre était allumée dans toute l'Europe, les passe-ports impossibles à obtenir, et la surveillance sur les routes inquisitoriale. « Tra- » vaillons, me disait Juliette, toujours forte et » résignée; travaillons, ce produit est sûr; sachons » nous y borner, et laissons les chimères ».

Je m'établis dans la cour des diligences. J'étais dans la force de l'âge; les fardeaux les plus lourds étaient ceux que je préférais; ils rapportaient davantage. Je passais les jours entiers dans les travaux les plus durs; la sueur ruisselait de tout mon corps; j'étais quelquefois excédé, mais je pensais à Juliette, et je retrouvais des forces. J'avais tant de plaisir à lui rapporter le produit de ma journée! Elle trouvait si bon le pain que je lui gagnais! Les mets qu'elle m'apprêtait étaient si savoureux! Quand nous étions rassemblés le soir, les caresses de ma Cécile, la reconnaissance des pauvres petits enfans de Cervières, l'amour de Juliette, le mien, formaient un tableau touchant, qui rendait la paix à l'ame et la volupté au cœur.

Cependant je n'étais pas habitué aux exercices violens, et les efforts soutenus auxquels je m'étais soumis, altérèrent ma santé. J'avais besoin de repos ; mais Juliette avait besoin de mes bras, et je continuai à travailler avec ardeur. Elle voyait que je dépérissais, elle me conjurait de me ménager, je le lui promettais, je n'en faisais rien, et je rentrai enfin avec une fièvre violente. Juliette, ma bonne, ma précieuse Juliette me soignait, me consolait, et trouvait encore la force de me sourire. Elle dépensa bientôt le peu que nous avions d'épargnes ; elle attendait alors le moment où je reposais, et elle allait vendre ses chemises pour me procurer des secours : je serais mort si je l'avais su. Je guéris, et je lui dus la vie : que ne lui devais-je pas ?

Mes inquiétudes revinrent avec ma santé. Qu'allais-je faire ? Qu'allions-nous devenir ? Juliette ne voulait plus que je reprisse mes premiers travaux, absolument elle ne le voulait plus. J'insistai ; elle jetta mes crochets au feu. « Il faut, » donc demander l'aumône, lui dis-je avec un » profond soupir ; tendre la main après avoir » donné. Oh ! cette idée est insupportable. — » Nous avons encore de quoi vivre quatre jours. » — Et après ? — Qui sait le changement qu'ils

» peuvent amener » ? Le facteur de la poste m'appela de la rue. Je descendis ; il me remit une lettre. Je reconnus l'écriture, et je remontai précipitamment, en criant : « Voilà une lettre d'Abell. » — Il a répondu à ma confiance ; tu es sauvé, me » dit Juliette en m'embrassant ». Elle avait calculé le moment où nous devions périr d'inanition, et elle avait voulu le prévenir. Trop fière pour demander pour elle, elle n'avait pas rougi de demander pour moi. Abell nous restoit seul : c'est à lui qu'elle s'était adressée, et sa lettre lui était parvenue sous une enveloppe à l'adresse d'un des premiers magistrats de Bâle.

Abell allait beaucoup au-delà de ce que nous pouvions raisonnablement espérer. Il nous donnait quatre mille livres espèces à prendre chez un banquier qui faisait des affaires avec la Suisse, et il nous pressait de l'aller joindre pour ne plus nous quitter. « J'ai fait un mariage de raison, » nous disait-il ; j'ai épousé une femme estimable, » je l'ai perdue, et elle m'a laissé un fils ; il sera » l'époux de Cécile. Si je n'ai pu faire le bonheur » de Juliette, que je la rende au moins heureuse » dans son enfant ». Quels procédés délicats ! quelle manière de déguiser le bienfait ! Il avait tout prévu : il nous facilitait les moyens d'obtenir un passe-port, en joignant à son paquet des lettres de différens négocians de Bâle, qui m'invitaient à aller sur les lieux traiter d'une partie considérable de comestibles : ces bons Suisses s'étaient prêtés, sans nous connaître, à nous tirer de l'oppression. Juliette ne m'avait pas dit qu'elle eut écrit à Abell ; elle ne savait pas si sa lettre lui parviendrait, et elle n'avait pas voulu me donner une fausse joie. Quelle fut la sienne, quelle fut la nôtre en lisant la réponse ! Quel homme que cet Abell ! je ne pouvais le comparer qu'à Juliette.

Je courus chez le banquier ; il me compta ma somme, et je la rapportai chez nous. J'allai ensuite à ma section demander un passe-port. Je produisis pour titres les lettres des négocians Suisses. On les examina long-temps ; on me fit des questions ; j'y répondis d'une manière générale et satisfaisante pour les gens à qui j'avais affaire. On loua le zèle qui me portait à m'occuper des besoins publics, on m'expédia mon passe port, et on me dit de l'aller faire viser à la Commune. Je m'y rendis ; j'entrai au bureau des passe-ports ; un homme en bonnet rouge était assis à une table ; je lui présentai mes papiers : il les prit sans daigner lever la tête et sans me dire un mot. Il lut et relut les lettres de Suisse ; il en tira d'autres d'un tiroir, et parut comparer les différentes écritures ; il prit enfin le passe-port ; je croyais qu'il allait le signer : « Jean Happy », s'écria-t-il, en se tournant vivement de mon côté !

c'était le curé de Saint-Étienne-du-Mont. Je frémis en le reconnaissant : ma tête n'était plus à moi.

Il avait renoncé publiquement ce Dieu que sa conduite avait si long-temps blasphémé. Il se faisait appeler *Brutus* ; il dénonçait, il persécutait la vertu ; il avait voulu être l'homme de Robespierre ; il l'était devenu à force de forfaits. « Que vas-tu faire en Suisse, me dit-il, sans pen- » ser même à me cacher sa fureur ? — Mes pa- » piers ne l'indiquent-ils pas ? — Tu m'es suspect. » — Je le crois. — Ta femme est-elle ici ? — Que » t'importe ? — Réponds, je te l'ordonne au nom » de la loi. — Des loix ! il n'en n'est plus, si tu es » leur organe ». Deux de ses dignes confrères parurent, et il se modéra. « Repasse demain, » me dit-il, je te remettrai ton passe-port ».

Je sortis effrayé, incertain de ce que j'allais faire. Lorsque *les Brutus* disposent arbitrairement de la vie des citoyens, leur autorité est déjà chancelante ; elle tombe avec la popularité qui l'a produite ; le peuple voit clair enfin, et ce moment ne devait pas être éloigné. Je pouvais sortir à l'instant même de Paris, à la faveur de ma carte de sûreté. Seul, je pouvais me cacher dans les bois, dans les carrières, et attendre le jour de la vengeance publique. Mais où aller sans passe-port avec une femme et un enfant, incapables de supporter cette vie errante, et qui n'avaient déjà que trop souffert ? Trois personnes sans domicile sont bientôt remarquées, et pour être arrêtés, il ne fallait qu'être vus. Après avoir réfléchi quelque temps, je pensai que je me livrais peut-être à des craintes exagérées. Sans doute Brutus voulait me perdre, sans doute il en avait le pouvoir ; mais il ne pouvait pas signer seul un mandat d'arrêt, et je ne croyais pas les hommes assez dépravés encore, pour supposer que ses collègues signassent celui-ci uniquement pour satisfaire ses passions. Je ne présumais pas qu'il pensât à me faire arrêter à la Commune même. Je pouvais le faire connaître à ses collègues, et il suffisait qu'un seul d'entre eux eût conservé quelque chose d'humain, pour que je n'eusse rien à craindre de lui. Je n'avais alors à redouter que ces piéges adroits, qui ne produisent pas leur effet en vingt-quatre heures, et je résolus de retourner à la Commune : c'était, d'après ma manière de voir, le parti le moins dangereux.

Je rentrai chez moi. Je ne dis rien à Juliette de ce qui venait de m'arriver ; je chargeai mes pistolets, je les mis dans ma poche, et je continuai de vaquer à mes affaires. Le lendemain, je me présentai à la Commune. Brutus n'y était pas, et j'en augurai bien. Celui qui était au bureau me parla avec assez de douceur, et je pris quelque confiance. Mes pistolets repoussaient les poches de mon gilet : il me demanda ce que j'en voulais faire. Je répondis que je les avais achetés pour ma route. Il desira les voir : j'eus l'imprudence de les lui remettre. « Ils sont char- » gés, me dit-il, pourquoi cela »? Je ne sus que répondre. « Brutus nous a dit vrai, reprit-il, tu » es un scélérat ». L'espoir est le dernier sentiment qui s'éteigne dans le cœur de l'homme. J'espérai ramener celui-ci à force de patience et de docilité. Je lui racontai tout le mal que Brutus m'avait fait. Je lui peignis mes malheurs et sa bassesse, les vertus de Juliette et sa turpitude. Un rire amer fut sa seule réponse ; il déchira mon passe-port, et sonna. Furieux d'être joué aussi indignement, je voulus me jeter sur lui, il m'arrêta avec mes propres armes. La garde entra, il lui remit un mandat d'arrêt. Désespéré d'avoir livré mes pistolets, certain de ma perte, je voulus au moins revoir Juliette avant de mourir, respirer son haleine pour la dernière fois. Je renversai à droite et à gauche ceux qui voulaient m'arrêter ; je me fis jour, et j'arrivai aux degrés qui descendent sur la place de Grève. Ils me poursuivirent, mais je les gagnai de vîtesse ; ils crièrent : *arrête, arrête l'aristocrate*, et le poste de la Grève sortit, et me barra le passage.

Je me retournai, et je courus d'un autre côté. Aux cris multipliés, *arrête*, *arrête*, quelques hommes s'attroupèrent et voulurent me saisir. Je ramassai un pavé, je frappai sans relâche sur tout ce qui osait m'approcher, je répandais l'épouvante autour de moi, j'allais m'échapper encore. Un boucher me jeta son bâton dans les jambes et je tombai. Dix hommes se jetèrent sur moi; la garde eut l'infamie de me frapper à coups de crosse, on criait de toutes parts : *à mort l'aristocrate*. Brutus avait besoin que je vécusse encore : son confrère me fit épargner ; on me traîna au Luxembourg.

Les malheureux sont compatissans. Un prisonnier bassina mes plaies ; il me présenta des alimens, je les refusai. J'appelais à grands cris Juliette et ma Cécile. Je bravais, je méprisais la mort ; mais j'étais déchiré par l'idée de les abandonner à la misère et à l'infamie. La jalousie s'alluma dans mon sein et vint ajouter à mes maux. J'arrachai mes habits, mes cheveux. Je n'avais qu'un cri, c'était Juliette ; je ne souffrais que pour Juliette, je ne regrettais qu'elle, et je sentais que je l'aimais avec fureur au moment où je la perdais pour jamais. Mon désespoir, mes sanglots, rassemblèrent tous les prisonniers. Des femmes jeunes, belles, sensibles, compâtirent à ma douleur : les cœurs tendres s'attirent, s'entendent et se répondent. Elles ne me donnèrent point d'espoir; elles savaient que les tigres ne pardonnent jamais: elles m'engageaient à me résigner; elles l'étaient elles-mêmes, et cependant elles aimaient aussi. Ce sexe nous égale en vertu, nous surpasse quelquefois en courage, nous fait aimer la vie, et nous aide à mourir.

Je rougis de ma faiblesse; je redevins homme, et je me promis de l'être jusqu'à la fin. Je ne m'occupai que de mes derniers momens.

CHAPITRE X.

Conclusion.

On avait des moyens pour faire sortir des lettres : j'écrivis à Abell. Je lui recommandai sa Juliette, qui allait cesser d'être la mienne; je le suppliais de réparer envers cette infortunée les outrages de la fortune. Je ne lui prescrivais rien, je m'en rapportais à son cœur. Je lui conseillais seulement de la faire réclamer par le Résident suisse à Paris, et de l'envoyer prendre par un homme de confiance. Je finissais en le remerciant de ce qu'il avait fait pour moi. « Je vais mourir »à vingt-huit ans, lui disais-je. Mon dernier sou- »pir sera pour l'amour; l'avant-dernier sera pour »vous ».

J'écrivis ensuite à Juliette. Je lui apprenais ma détention, ce qui l'avait occasionnée, et la fin que j'attendais. « Pleure, lui disais-je, mais »sois assez forte pour te consoler. Vis pour ta »fille, vis pour toi. Pardonne-moi l'amour que »je t'ai inspiré, et que je ne méritais pas; par- »donne-moi des faiblesses qui t'ont affligée, et »dont le souvenir me suivra au tombeau; par-

» donne-moi tes malheurs, et hâte-toi de les ré-
» parer. Un homme vertueux t'adore ; je te remets
» entre ses mains. Accorde-lui le prix de dix ans
» de constance, donne un père à ta Cécile ; et
» si en effet quelque chose de nous doit survivre
» à nous-mêmes, le spectacle de ton bonheur
» ajoutera au bienfait de l'immortalité. Je veil-
» lerai sur toi, sur ta fille, sur ton nouvel époux ;
» mon ombre ne vous quittera point, elle errera
» sans cesse autour de Juliette ; elle lui ouvrira
» les portes de l'éternité ».

En écrivant ces mots ma constance m'aban-
donnait ; je buvais à longs traits la coupe d'amertume. Je remis mes lettres à une jeune dame, qui
me regardait écrire, et qui daignait essuyer mes
larmes. Son air était serein ; j'en marquai de l'é-
tonnement : « Mon amant était beau comme
» vous, me dit-elle ; il est mort hier ; j'ai reçu
» mon acte d'accusation aujourd'hui, je le rejoin-
» drai demain ».

Le lendemain à dix heures on vint prendre
cette femme intéressante ; on la mit dans un
fourgon avec quinze autres victimes. Elle m'apperçut, et me dit adieu de la main. Son œil se
tourna doucement vers le ciel, et ses lèvres sou-
rirent.

Un prisonnier vint me dire qu'une femme, dans
l'éclat de la beauté, était assise au pied d'un

arbre avec une petite fille ; qu'elle était accablée de douleur, et que ses yeux étaient constamment fixés sur les murs de notre prison. « C'est » Juliette, dis-je aussi-tôt, et je courus sur les » plombs ». C'était elle en effet. Elle me reconnut, elle étendit ses bras vers moi ; ma petite Cécile tomba à genoux, et invoqua le ciel. Le ciel fut sourd au vœu de l'innocence ; il nous réservait d'autres épreuves. Des infortunées, qui passaient les jours sous ces murs de proscription, pour entrevoir un moment l'objet de leur tendresse, et qui se croyaient heureuses de respirer le même air, ces malheureuses entourèrent Juliette, et caressèrent ma fille. Je ne pouvais pas les remercier ; je les bénis.

Un factionnaire, aussi barbare que ses maîtres, vit ce grouppe de douleurs, et le dispersa : il n'était pas permis alors de s'attendrir sur les maux de ses semblables. Juliette, en se retirant, tournait la tête à chaque pas ; à chaque pas elle s'arrêtait, elle embrassait sa fille, me regardait et semblait me dire : « C'est toi que j'embrasse ». Elle tira son mouchoir, le porta sur ses yeux, et s'éloigna.

Deux heures après, je reçus un billet dans un pain ; il était de Juliette. « Un cœur comme le » mien ne se donne qu'une fois. Il peut souffrir » beaucoup, et ne saura pas survivre à ce qu'il » aime. Madame de Cervières m'a laissé un grand

» exemple : nous nous rejoindrons tous. Je lègue
» ma fille à Abell ».

Je conclus de ce billet que Juliette elle-même était sans espoir. Je laissai tomber ma tête sur ma poitrine, et je passai plusieurs heures dans un profond accablement.

Je restai tout le jour sur les plombs, et Juliette ne parut pas. J'y retournai le lendemain, dès que nos chambres furent ouvertes. Elle passa, elle s'arrêta un moment, et continua de marcher; elle allait très-vîte, et je jugeai qu'elle travaillait à ma délivrance.

Le soir je reçus un second billet : « Depuis ce » matin je marche, et je n'ai pas trouvé un cœur » sensible; ils sont tous d'acier. Je vais chez Bru-» tus lui-même. Je m'abaisserai, je pleurerai devant » lui. Il aura pitié de moi, puisqu'il m'aime. — Mal-» heureuse! où vas-tu ? Je serais mort en paix; tu » vas empoisonner mes derniers momens ». Je passai une nuit cruelle. Je m'étais consolé, en pensant qu'Abell me remplacerait auprès d'elle; je ne pus supporter l'idée de la savoir en proie à la lubricité d'un monstre. Je me réveillai vingt fois, tantôt glacé, tantôt trempé de sueur.

Le matin je reçus un troisième billet : « Je » peux te sauver la vie; mais on la met à un prix.... » Je ne peux m'y résoudre, et tu meurs si je me » défends. — Oui, je mourrai, m'écriai-je! et je

» mourrai avant que le crime soit commis. J'ar-
» racherai à ce lâche le prix de ses forfaits. Tu
» pourras te défendre quand je ne serai plus »; et
je montai sur les plombs pour me précipiter. Un
jeune homme de seize à dix-sept ans s'était attaché à moi, et me quittait peu. Il monta après
moi, et me prit sous le bras. « Laissez-moi,
» lui dis-je, vous me gênez. — Quel ton, reprit-
» il ! Que venez-vous faire sur les plombs ?
» — Laissez-moi, laissez-moi. — Vous voulez
» mourir, et nous pouvons nous sauver. — Nous
» sauver ! Quand ? — Dans une heure. — Ah !
» parle, parle. Je te devrai plus que la vie.
» — Mon projet est sûr. Il me fallait un homme
» de tête pour me seconder ; je vous ai trouvé :
» suivez-moi ; je vais m'expliquer ». Je le suivis,
il descendit, et me conduisit dans sa chambre.

Nous y étions à peine, que des guichetiers
vinrent nous saisir. Il y avait parmi nous des es-
pions de ce qu'on appelait alors gouvernement.
Un de ces misérables nous avait entendus sur les
plombs, et avait couru avertir. On m'ôta mes
boucles, mes jarretières, mon col et mon mouchoir, et on m'enferma seul dans une chambre
dont la croisée était murée. Je m'étendis sur le
pavé, je le frappai à coups redoublés avec ma
tête ; je me sentais l'affreux courage de m'achever ainsi. On rentra dans ma chambre, on me jeta

sur des matelas, et on m'attacha les bras et les jambes à des anneaux de fer. Je fis des efforts inouis: je ne pus pas me détacher. J'essayai d'avaler ma langue; cela me fut impossible. J'appelai la mort à grands cris; la voûte répondait seule à ma voix. Vers le soir on vint me prendre, on me mit les fers aux mains, et on me fit descendre dans la cour : une voiture m'attendait. Je provoquai les gendarmes, je les attaquai avec mes fers ; j'espérais qu'un d'eux me passerait son sabre au travers du corps ; on se contenta de me lier les coudes derrière le dos, et on me mit dans la voiture.

En sortant la dernière porte, j'apperçus Juliette. Elle était debout contre un mur ; ses traits étaient renversés, ses vêtemens en désordre ; elle ne pleurait pas, elle étouffait. Elle me vit passer. « C'est donc ma dernière ressource, dit-elle à demi-voix, il faut se soumettre ». La voiture partit ; on me descendit à la conciergerie, et on me jeta dans un cachot. Croirait-on que j'éprouvai, en y entrant, un sentiment de joie? « Elle a résisté, disais-je, puisqu'on me met en jugement. Demain je meurs, et l'infâme Brutus ne dégradera pas le plus bel ouvrage de la nature ». Je passai une nuit tranquille. J'entendais l'horloge, je comptais les heures; je ressemblais au voyageur haletant, qui apperçoit le terme d'un long et pénible voyage.

A huit heures la porte de mon cachot s'ouvrit. On y poussa une femme, et les verroux se refermèrent. Elle vint tomber près de moi : c'était Juliette. O que la mort me parut amère, quand je vis que je ne mourrais pas seul ! Je lui parlai ; elle ne me répondit que des mots entrecoupés ; une horreur secrète l'agitait. Je crus que ces caresses, jadis si puissantes, la rendraient à elle-même ; elle s'y déroba avec précipitation. « Je suis indigne » de toi, s'écria-t-elle, le crime m'a souillée ». Je tombai anéanti, je ne proférai pas un mot, la mort était déjà dans mon sein. Juliette sanglotait dans un coin du cachot, j'étais sourd à sa douleur, j'étais tout entier à la mienne. Elle se traîna à mes genoux, et elle me demanda pardon. « Ma » vertu, me dit-elle, m'était plus chère que ma » vie ; mais tu m'es plus cher que ma vertu. Le » monstre m'a juré qu'il te laisserait vivre.... Je me » suis prostituée.... — Dieu ! — Le lâche ! je l'ai » reçu dans mes bras : il me faisait horreur, et » il a cru jouir. — Qui donc t'a fait descendre ici ? » — C'est lui-même. — Oh !... oh !... — Vas, m'a-» t-il dit, je te rends à ton époux. Dis-lui que tu » sors du lit de cet homme que tu as si long-temps » méprisé. Vas, meurs avec lui, et que ton in-» famie ajoute à son supplice ».

Un long et affreux silence succéda à cette horrible explication. Enfin je rassemblai ce que j'avais de force, et je rappelai ma raison. « La laisserai-je mourir sans consolation, me dis-je en moi-même? n'est-ce pas pour racheter ma tête qu'elle s'est.... Une femme est-elle déshonorée, quand son ame reste pure ? Je m'approchai d'elle, je l'encourageai, je la ramenai à l'estime d'elle-même. Elle répondit d'abord d'un air timide à mes caresses ; bientôt elle se livra davantage ; bientôt nous oubliâmes que nous avions épuisé ce que la scélératesse humaine a de plus atroce ; nous oubliâmes que le cercueil était ouvert à nos pieds ; elle me délia les bras, et dans le fond d'un cachot infect, étendus sur de la paille humide, nous retrouvâmes les délices de l'amour et ses plus vives jouissances..... Il me semblait que je la purifiais.

Ces momens où nous rêvâmes le bonheur furent bientôt interrompus. On nous fit monter, et nous parûmes avec cinquante autres malheureux devant cette horde d'assassins. Brutus était parmi les témoins ; Juliette détourna sa tête, et le monstre rit du rire affreux du crime. J'entrai en fureur ; je me levai, on me retint ; je voulus parler, on me mit hors des débats, et on me fit descendre dans la chambre où les condamnés attendaient leur dernière heure.

Vers midi, on y entassa mes compagnons d'infortune. Je cherchai Juliette, et nous nous assîmes l'un à côté de l'autre dans le fond de la chambre. Je la fixai : elle était calme. Elle me prit la main : « Du courage, me dit-elle, on ne » meurt qu'un moment, et après ce qui m'est ar-» rivé, la vie serait un long supplice ». Elle fit appeler l'épouse du concierge, et la pria de lui faire voir sa fille pour la dernière fois. Cette femme n'était pas née pour son état ; elle avait un cœur. Elle alla nous chercher notre enfant et ceux de Cervières. Ces trois petits malheureux avaient passé la nuit seuls dans un galetas, et ils n'avaient cessé de pleurer. Leurs pleurs redoublèrent en nous voyant ; ils nous serraient dans leurs bras ; ils sentaient ce qu'ils allaient perdre. Nos larmes se mêlèrent long-temps aux leurs. « Éloi-» gnez-les, dit Juliette à la femme du concierge ; » je m'affaiblis auprès d'eux, et j'ai besoin de toute » ma constance ». Elle donna à cette femme tout ce qu'elle avait d'argent ; elle lui fit prendre l'adresse d'Abell ; elle lui fit promettre de lui écrire quand nous ne serions plus, et de prendre soin de ces enfans jusqu'à ce qu'elle ait reçu sa réponse. Ces pauvres enfans ne voulaient pas nous quitter. Il fallut les arracher de ce lieu de désolation.

L'exécuteur entra.... Des cheveux coupés.... Des mains liées.... Ah !...

On chargea les charrettes des premiers qui se

présentèrent. On les prenait au hasard, comme des agneaux dans une bergerie. Juliette et moi, nous n'avions pas quitté notre place; nous étions toujours dans le fond de la chambre. Nos mains ne pouvaient plus se toucher; nos lèvres se joignaient encore, et nous attendions notre tour. « Les charrettes sont pleines, dit l'exécuteur au » concierge. Rentrez ces quatre-là, ils passeront » demain avec les autres. — Faites venir une voi- » ture, dis-je à l'exécuteur; au nom de Dieu, » ne nous laissez pas vingt-quatre heures dans » cette intolérable situation. — On se gênera pour » toi, me répondit un homme en bonnet rouge; » allons, marche ». Nous rentrâmes en prison, et nous entendîmes partir les charrettes qui menaient les autres à la mort.

Vers les six heures, je dis à Juliette : « Ils sont » heureux, ils ont cessé de souffrir, et nous.... » Tout-à-coup un mélange confus de voix, le galop des chevaux, le bruit des roues des affûts nous tirèrent de l'espèce de léthargie dans laquelle nous étions plongés. Nous écoutâmes sans pouvoir rien distinguer, et le tumulte allait toujours croissant. On battit la générale, on sonna le tocsin. « Est-ce encore un deux septembre, » dit Juliette, en cachant sa tête dans mon sein ? » Oh! cette mort serait affreuse.... Te voir mas- » sacrer devant moi »…. On ouvrit la porte de notre chambre.... Juliette se jeta dans mes bras, je l'enveloppai dans les miens, nous fermâmes les yeux, et nous attendîmes les coups. « Ne » craignez rien, me dit-on, peut-être êtes-vous » sauvés ». Je me retournai : je vis la femme du concierge. « Robespierre, poursuivit-elle, le » conseil de la commune, les membres du tribu- » nal, sont mis hors de la loi. Ils pensent à se » défendre ; ils succomberont peut-être, et le » sang innocent cessera de couler. — Courez, » lui dis-je, courez, informez-vous, rassurez- » nous, rendez-nous à la vie ».

Avec quelle promptitude le cœur le plus abattu se rouvre à l'espérance, avec quelle avidité il en saisit la plus faible lueur, et qu'il rejette facilement les idées consolatrices qui l'ont un moment étourdi sur ses maux ! Tantôt nous pensions voir tomber nos fers, les portes s'ouvraient, nous étions rendus à nous-mêmes ; tantôt Robespierre triomphait, ses satellites recouvraient leur puissance, et venaient nous punir d'avoir osé espérer. Juliette et moi, serrés l'un contre l'autre, immobiles, attentifs, nous jugions par le battement de nos cœurs des sensations différentes qui les agitaient tour-à-tour. La femme du concierge revint. « Eh bien ! lui criai-je : — Tout Paris s'arme » contre eux ; les canonniers les abandonnent, et » se rangent avec leurs pièces autour de la Con

» vention. On va attaquer la Commune. — Oh ! si
» j'étais libre, comme je me précipiterais à la tête
» des Sections ! Que d'outrages à punir ! Ce Bru-
» tus !... Je suis altéré de son sang.... je l'épui-
» serais jusqu'à la dernière goutte ; je mettrais son
» corps en lambeaux, je les traînerais dans la
» fange. — Tout annonce, reprit la concierge, que
» vous allez être vengés. Venez, je peux prendre
» sur moi de vous mettre plus commodément ».
Elle nous fit conduire à une petite chambre assez
propre, et elle nous amena les enfans. Nous ne
devions plus les revoir ; nous renaissions pour eux :
nous nous livrâmes à la nature.

La chambre où nous étions donnait sur une
cour. Elle était entourée de fenêtres grillées, et
tous les prisonniers parlaient à leurs croisées de
cet événement si inattendu, et qui pouvait avoir
des suites si heureuses pour nous. Tous avaient les
mêmes intérêts, tous formaient les mêmes vœux.
Le jour commençait à poindre, et rien n'était décidé encore ; un cri général se fit entendre : « Les
» voilà, les voilà, les barbares ! Ils vont rendre le
» sang dont ils se sont gorgés ». Robespierre, ses
principaux complices, le conseil général de la
commune, traversèrent la cour sur laquelle nous
étions. Je les examinais les uns après les autres.....
je vis enfin ce farouche Brutus. La crainte était
sur son visage ; le remords n'arrivait pas jusqu'à

lui. Arrêté par mes barreaux, j'allais au moins le charger d'imprécations : Juliette me contint. « Il » va mourir, me dit-elle, que peux-tu vouloir de » plus ? Laisse passer cet homme ; ne te dégrade » point ». Les autres, moins délicats que Juliette, les abreuvèrent d'opprobres. Quel spectacle que celui de soixante malheureux qui allaient périr le jour même, qui passaient subitement de la mort à la vie, et qui voyaient le fer assassin tomber enfin sur les têtes de leurs bourreaux ! La joie la plus vive régnait dans tous les cœurs ; elle se manifestait par des cris, par des chants ; la nôtre s'exprima par les plus tendres caresses. Voilà encore une de ces affections de l'ame qu'on ne saurait dépeindre, qu'on ne peut pas même concevoir qu'on ne l'ait éprouvée.

Vers les cinq heures du soir, ces scélérats furent traînés au supplice. Nous entendîmes, du fond de notre prison, les horreurs que vomissait contre eux le peuple de Paris. C'étaient des fils, des pères, des époux, des filles, des amis, des amantes, qui pleuraient, qui redemandaient ce qu'ils avaient perdu ; c'étaient des cœurs ulcérés qui savouraient enfin l'affreux plaisir de la vengeance.

Deux jours après, on apporta l'ordre de rétablir dans leurs différentes maisons d'arrêt, ceux qui étaient à la conciergerie pour des faits révolutionnaires. La femme du concierge nous rendit exactement notre argent; nous la comblâmes de bénédictions; nous prîmes avec nous les enfans; on eut l'humanité de nous les laisser, et nous rentrâmes au Luxembourg. Mes anciens compagnons furent frappés d'étonnement, en me revoyant; ils me croyaient exécuté de la veille. Ils prirent la part la plus touchante à l'événement qui m'avait conservé, et qui les rassurait sur leur propre existence. Je leur présentai Juliette; tous l'aimèrent en la voyant; tous l'estimèrent après l'avoir entendue. Mon jeune homme m'embrassa des premiers, et me dit : « J'ai reçu hier mon » acte d'accusation, et j'en ris aujourd'hui. Il est » inutile maintenant de former des plans d'évasion. » J'espère qu'on va nous rendre à la société ». En effet, on commença à vuider les prisons. J'adressai plusieurs pétitions aux comités de gouvernement; elles restèrent sans réponse, et cependant huit, dix, vingt détenus étaient élargis tous les jours. J'écrivis à Abell. Je ne lui parlai pas de l'affreuse catastrophe de Juliette; je lui disais seulement quel miracle nous avait sauvés : je le priais de faire agir le Résident Suisse. Quinze jours après, un secrétaire de la légation helvétique nous apporta notre ordre de sortie. Nous courûmes avec nos trois enfans offrir au Résident l'hommage sincère de notre reconnaissance, et nous nous logeâmes dans un hôtel garni.

Juliette changeait sensiblement. L'ame la plus forte tient toujours à la vie, et pendant quelques jours elle n'avait été émue que par le plaisir d'être encore. Elle avait fait depuis un retour sur elle-même, et le souvenir de Brutus la poursuivait sans relâche. Je redoublai auprès d'elle de soins, d'égards et d'amour. Si je ne lui fis pas oublier le monstre, je la convainquis par tous les moyens que me suggéra ma tendresse, par tous les raisonnemens que me fournit la raison, que, loin de se croire coupable, elle devait avoir d'elle-même cette haute estime que donne la vertu, portée au dernier terme où l'humanité puisse atteindre. Quand elle fut certaine que je la respectais, que je la chérissais plus que jamais, elle s'étourdit sur ce souvenir fâcheux, elle surmonta sa mélancolie, elle redevint la plus belle comme la plus aimable des femmes.

Abell ne cessait point de nous écrire. Il nous priait, il nous ordonnait au nom de l'amitié, de nous réunir à lui. J'aimais mon pays. Il allait renaître de ses ruines; un gouvernement doux et sage devait succéder bientôt aux fureurs de l'anarchie; je desirais ne devoir mon existence qu'à moi-même : il m'en coûtait d'être à charge à mon ami. Mais Juliette craignait une réaction; elle pria; ses moindres desirs étaient des ordres sacrés pour moi.

Je retournai à ma section. Je racontai comment j'avais perdu mes papiers, et on se rappela mon affaire. Je demandai un second passe-port, et on me l'accorda après quelques difficultés; il fut visé le même jour, et nous partîmes enfin. Nous arrivâmes heureusement à Bâle. Abell, que j'avais prévenu de notre arrivée, vint au-devant de nous, et nous reçut comme si sa vie eût dépendu de la nôtre. Il nous logea chez lui, et ne nous laissa pas le temps de desirer; il ne mit point de bornes à sa générosité.

Son fils était à-peu-près de l'âge de notre Cécile. Ces deux enfans s'aimèrent d'abord. L'amitié que Cécile avait pour les petits Cervières ne ressemblait pas à celle que lui inspirait le jeune Abell. Le père de celui-ci souriait aux marques d'attachement que ces enfans se donnaient; il applaudissait au sentiment secret qui les attirait l'un vers l'autre. « Voilà, me disait Juliette, comme » nos amours ont commencé. Puissent-ils s'aimer » de même, et être plus heureux » !

Nous résolûmes, Juliette et moi, de ne pas abuser plus long-temps des bontés d'Abell. Je le priai d'observer que l'oisiveté ne convenait ni à mon caractère, ni à mon âge, ni à ma situation. « Donnez-moi des moyens de travailler, lui dis- » je, et vous ajouterez, s'il est possible, aux sen- » timens qui m'attachent à vous ». C'était la dixième fois au moins que je réitérais mes instances. « Puisqu'absolument vous le voulez, me répon- » dit-il, il faut vous satisfaire. Je vois pour vous » deux partis à prendre. Le plus court, et le » moins avantageux, c'est d'être secrétaire de » légation, et je me charge de vous procurer un » brevet; mais vous n'êtes pas Anglais, et vous » ne serez jamais autre chose que secrétaire. Le » second parti, c'est de passer à Londres, d'ap- » prendre le commerce ; je vous prêterai des » fonds, et avec votre intelligence et votre acti- » vité, vous ferez sans doute une bonne maison. » Choisissez ». Juliette et moi nous nous décidâ- mes pour le commerce ; nous donnâmes encore quelques jours à l'amitié, et nous pensâmes à nous séparer d'Abell. Il nous faisait partir pour Hambourg, où nous devions nous embarquer pour Londres.

La veille du départ il entra dans notre cham- bre. Il nous présenta plusieurs lettres de recom- mandation, et des billets au porteur pour des sommes très-fortes, sur différentes maisons de Londres. Je refusai constamment ces derniers. Leur valeur m'effrayait. « Je vais vous mettre à » la raison, me dit Abell ; vous verrez que vous » ne me devez rien ». Il tira un contrat de sa poche, et pria Juliette de le lire. C'était une donation de vingt mille livres sterling à son fils, que nous lui rendrions le jour de son mariage avec Cécile, et dont, jusqu'à cette époque, nous serions dépositaires, sans intérêts. Quelle manière de donner ! Nous nous attendrîmes, nous ne pûmes le remercier ; mais il nous entendit.

Nous arrivâmes à Hambourg, et le trajet de cette ville à Londres fut court et heureux : la fortune s'était lassée enfin de nous persécuter. Les correspondans d'Abell répondirent parfaitement à ses vues. Ils nous comblèrent d'égards et de complaisances. L'un d'eux, riche marchand établi dans Cheapside, m'offrit de me montrer les élémens du commerce. J'acceptai sa proposition avec empressement. Je répondis à ses soins avec une telle exactitude, je profitai si bien de ses leçons, qu'au bout de quelques mois je me trouvai en état de travailler pour mon compte.

A notre arrivée à Londres, nous avions vu les parens de Juliette : ses pressentimens n'étaient que trop fondés. C'étaient des gens riches et titrés, qu'une mésalliance révoltait, et qui me firent sentir que je n'avais pas le bonheur de leur plaire. C'était dire à Juliette : Ne nous revoyez plus. Aussi rompit-elle absolument avec eux, et elle me pria de les abandonner à leurs orgueilleuses chimères. Juliette ne pouvait souffrir qu'on voulût m'humilier ; mais je pouvais souffrir tout pour Juliette. Je voulus tout tenter pour la ré-

tablir dans l'esprit de sa famille, et je retournai secrètement chez ses parens. L'accueil repoussant que je recevais quelquefois ne me rebuta point. Myladi Fenton, cousine-germaine de mylord Tillmouth, était immensément riche, et Juliette était son unique héritière. J'allais souvent lui faire ma cour, quoiqu'elle me reçût toujours très-froidement. Cependant, quand elle sut que mon commerce s'étendait, et qu'il était souvent question de moi à la bourse, elle me traita mieux, et voulut bien causer familièrement avec moi, elle mon esprit lui plut. Bientôt j'acquis parmi les négocians de Londres une réputation de probité, qui me concilia enfin son estime. Elle m'appela son cousin, et me demanda des nouvelles de ma femme. « Elle souffre beaucoup, lui dis-je, d'avoir
» encouru votre disgrace, et elle vous verrait avec
» un respectueux empressement, si elle osait
» compter sur votre indulgence. — Qu'elle vienne.
» Il y a quelque temps que je m'apperçois qu'il est
» difficile de ne pas vous aimer, et votre bonne
» conduite justifie le choix de ma cousine ».

Myladi donna un grand repas, où les parens de tous les degrés furent invités. Juliette y parut avec ces charmes, cette teinte de sensibilité qu'on ne trouve guères qu'à Londres, et qui étaient embellis, s'il est possible, par ces graces qu'on n'acquiert qu'à Paris. La réconciliation fut sincère, et bientôt les parens de Juliette sentirent tout ce qu'elle valait. Elle devint l'idole de sa famille, et je partageai l'intérêt qu'elle inspira. Quelques-unes de mes cousines parurent même me trouver fort à leur gré. Mais l'expérience m'avait rendu sage. Je restai fidèle à ma Juliette, par raison, par principes, et sur-tout par amour.

Ma fortune s'accrut au-delà de mes espérances. Les jeunes Cervières, que j'élevais dans le commerce, avaient l'amabilité et le jugement solide de leur malheureux père. Ils répondirent à ma tendresse, ils s'occupèrent de leur bien-être; c'est tout ce que je desirais. Abell, de retour de son ambassade, se fixa à Londres. Myladi Fenton mourut, et Juliette se trouva immensément riche. Je récompensai la bonne conduite des jeunes Cervières, en leur passant ma maison de commerce. J'unis ma Cécile au fils d'Abell. Elle était belle comme sa mère; elle avait son ame et son cœur : je la dotai richement, et c'est une satisfaction pour un père. Juliette, avec le temps, perdit sa beauté; elle ne perdit que cela : le parfum de la rose survit long-temps à sa fraîcheur.

J'attends la vieillesse sans la craindre. J'ai fait des fautes : qui n'en fait pas ? mais j'ai fait aussi quelque bien. Je me propose d'en faire encore, et d'embellir ainsi mes derniers jours.

F I N.

www.ingramcontent.com/pod-product-compliance
Lightning Source LLC
Chambersburg PA
CBHW060132170426
43198CB00010B/1132